Entre o Mediterrâneo e o Atlântico, Uma Aventura Teatral

Coleção Estudos
Dirigida por J. Guinsburg

Equipe de realização – Edição de texto: Marcio Honorio de Godoy; Revisão: Lilian Miyoko Kumai; Sobrecapa: Sergio Kon; Produção: Ricardo W. Neves e Raquel Fernandes Abranches.

Maria Lúcia de Souza Barros Pupo

ENTRE O MEDITERRÂNEO E O ATLÂNTICO, UMA AVENTURA TEATRAL

PERSPECTIVA

Dados Internacionais de Catalogação na Publicação (CIP)
(Câmara Brasileira do Livro, SP, Brasil)

Pupo, Maria Lúcia de Souza Barros
Entre o mediterrâneo e o atlântico, uma
aventura teatral / Maria Lúcia de Souza Barros
Pupo. — São Paulo : Perspectiva : 2010. —
(Estudos ; 220 / dirigida por J. Guinsburg)

1. reimpr. da 1. ed. de 2005
Bibliografia
ISBN 978-85-273-0744-4

1. Marrocos - Teatro 2. Teatro - Estudo e
ensino - Marrocos I. Título. II. Série.

05-9048   CDD-792.07064

Índices para catálogo sistemático:
1. Marrocos Teatro : estudo e ensino
792.07064
2. Teatro : Aprendizagem : Marrocos
792.07064

1ª edição – 1ª reimpressão

Direitos reservados à
EDITORA PERSPECTIVA S.A.

Av. Brigadeiro Luís Antônio, 3025
01401-000 – São Paulo – SP – Brasil
Telefax: (0--11) 3885-8388
www.editoraperspectiva.com.br
2010

Aos parceiros da aventura teatral em Tetuán

Talharei as palavras
para partilhar o sonho
e fazer inúteis as fronteiras

Fatima Mernissi

Sumário

Agradecimentos XIII

Entre o Mediterrâneo e o Atlântico: O Teatro – *J. Guinsburg* ... XV

A Natureza da Aventura 1

1. Os Pontos de Partida 9
   A Descoberta do Terreno 9
   Teatro e Instituições Teatrais no Marrocos 16
   Os Procedimentos 23
   Relações entre Jogo Teatral e Texto 25
   Do texto ao jogo............................... 25
   Do jogo ao texto............................... 30

2. Os Itinerários 33
   Desejo e Rejeição: o Instituto Nacional de Belas Artes ... 35
   Ficção em Dose Dupla: o Instituto Francês 39
   Ambivalências e Contradições: a Escola Normal Superior . 42
   As etapas do processo 43
   Pesquisas orientadas........................... 51
   Confluência de Culturas 57

XII ENTRE O MEDITERRÂNEO E O ATLÂNTICO, UMA AVENTURA TEATRAL

3. Do Texto ao Jogo: da Análise da Narrativa ao Discurso
   Teatral 63
   Jogos de Apropriação do Texto 68
   As Categorias 70
   Pistas para a ação teatral 71
   Discurso direto e discurso indireto 77
   Local da narração 78
   Relação entre o número de jogadores e a narração 80
   Olhar do narrador 81
   Desempenho do narrador 82
   Relação entre o número de jogadores e o número de
   personagens 83
   Um Exemplo de Jogo 89

4. Do Texto ao Jogo: Outros Caminhos 95
   Recorte e Colagem 95
   Provérbios 102
   Motivos 107
   Preenchimento de Elipses 112
   Apresentação de Jogos Teatrais com Textos 116

5. Do Jogo ao Texto: Dois Dispositivos Ficcionais 119
   Diálogos a Partir da Leitura dos Jogos 121
   Desafios da Re-escrita 122
   Comunicação Oral dos Textos 124
   O Corpo da Letra 125
   Espelho 126
   Agir 127
   O Fio do Texto 128
   Charada 129
   Cruzamento 131
   De uma Ficção a Outra 133

6. Encontro das Águas 135

Bibliografia 143

Agradecimentos

À Fapesp, pelo apoio material;

A Jacó Guinsburg, pelo incentivo, confiança e disponibilidade;

A Cláudia Dalla Verde, Ingrid Dormien Koudela, Maria Antonieta da Costa Vieira e Maria Augusta da Costa Vieira, pelas sugestões e pela cumplicidade;

A Elie, pela descoberta do azul de Daliah, onde se confundem o Mediterrâneo e o Atlântico.

Entre o Mediterrâneo e o Atlântico: O Teatro

"Na véspera, duas palavras duvidosas, o haviam detido no princípio da poética. Essas palavras eram *tragédia* e *comédia*... Conforme a cuidadosa caligrafia acrescentou essas linhas ao manuscrito; *Aristú* (Aristóteles) *denomina tragédia aos panegíricos e comédia às sátiras e anátemas. Admiráveis tragédias e comédias abundam nas páginas do Corão e nas moalacas do santuário...* Lembrei de Averroés, que encerrado no âmbito do Islão, nunca pôde saber o significado dos vocábulos *tragédia* e *comédia*... Senti que Averroés, querendo imaginar o que é um drama sem haver suspeitado o que é um teatro, não era mais absurdo do que eu, querendo imaginar Averroés, sem outro material que alguns adarmes de Renan, de Lane e de Asín Palácios..." – Escreveu Borges em seu famoso relato "A Busca de Averroés", com uma percepção completa do que seja a essência da arte dramática e do núcleo constituinte de seu ser. Pois, considerado este elemento e, mais ainda, experimentado pela relação viva do espectador e do ator, no que este oferece àquele na cena aqui e agora, toda e qualquer cultura pode, não só inteirar-se, como gerar e praticar essa arte. É o que Maria Lúcia procura, a seu modo, na arte-educação, demonstrar com o presente estudo e a instigadora experiência, fruto de uma atrevida aventura pedagógica e artística, que ela historia, analisa e preceitua.

Marrocos, Tetuán, foi o seu palco. O seu texto – a cultura local, no contexto árabe-islâmico. O seu método – o teatro-educação, em suas principais abordagens, Viola Spolin, teatro didático brechtiano, escola francesa de educação no e pelo teatro, todos eles reunidos numa sínte-

XVI ENTRE O MEDITERRÂNEO E O ATLÂNTICO, UMA AVENTURA TEATRAL

se clara, objetiva, poder-se-ia dizer, sem exageros, cartesiana (é um dos traços mais marcantes desta teatro-educadora) e aplicados com incisivo senso de percepção do outro, das inserções peculiares pessoais, sociais, religiosas e culturais, além de um agudo poder de movimentar-se nas complexas e freqüentemente embaraçosas conjunturas e oportunidades que surgem destes encontros e reencontros. O resultado – confrontação de faces, relacionamento de corpos, ocupação de espaços, verbalização de situações, invocações de textos, e o *teatro* brota com a deliberação da procura empreendida pela indutora-professora-demiurga, e com a espontaneidade de sua necessidade nos terrenos das manifestações culturais humanas, quaisquer que sejam as suas espécies, e neste caso particular, digamos, alcoránicas, frutificando nos jardins magrebianos de Alá, com o mesmo vigor que nas vinhas de Dioniso brotaram as sementes da tragédia e da comédia.

J. Guinsburg

A Natureza da Aventura

Desde Aristóteles o texto teatral foi sempre considerado elemento primeiro da arte dramática, único traço palpável dessa manifestação artística essencialmente não passível de documentação que é o teatro.

É no século XX, mais precisamente nas suas últimas décadas, que a configuração do campo da semiologia do teatro começa a lançar novas luzes sobre o estatuto do texto dentro da representação teatral. A idéia de que o espetáculo não tem como função desvelar o sentido supostamente inequívoco da peça escrita ganha envergadura. Uma vez que o espetáculo pouco a pouco deixa de ser visto como tradução do texto, ou mesmo como ilustração a seu serviço, começa a cair por terra a noção de fidelidade ao texto.

Em nossos dias, a atividade teatral é vista como um sistema de significação com múltiplos códigos – gestualidade, cenário, figurino, iluminação – entre os quais se inclui também o lingüístico. A representação é constituída por um conjunto de sistemas de signos que só adquirem significado uns em relação aos outros. Essa complexa articulação remete à "espessura de signos", expressão criada por Roland Barthes para definir a noção de teatralidade.

A natureza heterogênea dos elementos que compõem a representação teatral – objetos, sonoplastia, maquiagem – faz com que ela não se configure como tradução cênica de um texto, uma vez que este último se elabora na diacronia de um sistema único, a língua. É da combinação entre texto e outros sistemas de signos que emerge o significado pretendido pelos emissores do complexo discurso que é a representa-

2 ENTRE O MEDITERRÂNEO E O ATLÂNTICO, UMA AVENTURA TEATRAL

ção. Assim, outros signos presentes na encenação podem atribuir a determinada fala de um personagem, por exemplo, um sentido que ela provavelmente não teria, caso apenas o texto tivesse sido considerado. Nas palavras de Bernard Dort, a cena "não realiza mais ou menos um texto: ela o critica, o força, o interroga"[1].

Se examinarmos mais de perto os textos que têm sido levados para a cena contemporânea no ocidente, vamos observar que regras historicamente reconhecidas sobre a construção dos diálogos, a eclosão de conflitos e até mesmo a noção de personagem, consagradas bases do gênero dramático, não mais se aplicam. A relação interpessoal, mola mestra do diálogo dramático, parece não mais dar conta da complexidade do mundo. A própria noção de gênero dramático se encontra profundamente abalada; seu estatuto, outrora límpido, perde a especificidade; o teatro contemporâneo não se atém mais aos gêneros. Hoje, textos de toda e qualquer natureza, escritos para serem representados ou concebidos para outros fins, podem ir para a cena; não é mais necessariamente o modo da escrita que caracteriza o teatro. Assim, a ficção entranhada em romances, contos, poesias, fábulas, mas também as considerações presentes em cartas, depoimentos, biografias, notícias, documentos históricos constituem atualmente matéria-prima de concepções cênicas.

Dentro desse quadro aparece a tendência que atraiu nossa atenção e passou a fazer parte da interrogação que nos mobilizou: a presença de textos de caráter narrativo em importantes encenações contemporâneas, no Brasil e fora dele. No caso do nosso país, alguns exemplos especialmente interessantes das últimas décadas são eloqüentes: *A Mulher Carioca de Vinte e Dois Anos*, de Aderbal Freire-Filho, baseado em romance de João de Minas; *A Vida como Ela É*, de Luiz Arthur Nunes, a partir de crônicas de Nelson Rodrigues; *O Vau da Sarapalha*, de Luiz Carlos Vasconcelos proveniente de um conto de Guimarães Rosa; ou, como não poderia deixar de ser, a histórica encenação de *Macunaíma* de Mário de Andrade assinada por Antunes Filho. No plano internacional, entre múltiplas referências, merece destaque a encenação do *Mahabharata*, realizada por Peter Brook em Paris em 1985, exemplo de excelência de transposição do épico para o dramático.

Outro campo contido nas preocupações que nos moveram é o das relações entre o teatro e a educação. Desde Platão, o homem vem se colocando uma relevante questão: saber *se* e *como* o fazer e o fruir teatral podem contribuir para o crescimento de todo e qualquer indivíduo. As respostas, historicamente circunscritas, vêm se sucedendo sob diferentes roupagens. Basta lembrar que, no caso do Brasil, as primeiras manifestações de um teatro local enfatizam a importância do jogo e

---

1. *Le Monde du Dimanche*, 12/10/1980, citado por Patrice Pavis no *Dicionário de Teatro*, p. 407.

da dramatização tendo em vista a educação do homem, nos moldes impostos pela Companhia de Jesus.

As posições defendidas sobre o tema hoje, em vários países ocidentais, imbuídas de nítida dimensão emancipadora, são evidentemente tributárias de um longo percurso histórico. Elas tendem a valorizar o teatro enquanto instrumento de desenvolvimento pessoal e coletivo, vetor de uma formação crítica conduzindo a uma educação para a liberdade e para a autonomia.

Inerente à dimensão formativa do teatro está a experiência estética vivida por aquele que atua; assim, o aguçamento da percepção sensorial e a "consciência do corpo em jogo"[2] são trazidos para o primeiro plano. Surge daí a fértil contradição apontada por Pierre Voltz, como o cerne da potencialidade educativa do teatro: a contradição entre o prazer lúdico da invenção e a experiência estética da restrição das formas.

As intensas transformações pelas quais passou o teatro no último século desembocam nos traços mais marcantes que hoje atribuímos à dimensão formativa dessa arte. Entre eles, podemos sublinhar: a abertura da experiência por parte de quem atua, a valorização do trabalho coletivo – e dentro dele a capacidade de escuta, condição primeira da alteridade – o desenvolvimento da capacidade de jogo, o questionamento dos papéis habituais de ator e platéia e a ênfase na reflexão sobre o próprio processo de criação.

O avanço do conhecimento nessa área nos permite atualmente vislumbrar um vasto campo, para além de meras considerações didáticas sobre procedimentos de ensino/aprendizagem. Caminhamos hoje em direção a uma Pedagogia do Teatro, ou seja, estamos envolvidos com um esforço de reflexão sobre as finalidades e as condições da ação educativa proporcionada pelo exercício e pela fruição dessa arte, junto a pessoas de diferentes idades e condições sociais.

A partir dos anos de 1980, a exemplo do movimento teatral mais amplo, repleto de questões em torno da encenação de diferentes modalidades textuais, as práticas vinculando o teatro e a educação – sobretudo nos países mais desenvolvidos – passam também a incorporar o desafio da abordagem de textos em suas diferentes modalidades, dramatúrgicas ou não. Espera-se dessas práticas, aliando improvisação teatral e literatura, que possam nutrir o imaginário e ampliar a visão de mundo de quem joga.

A prioridade brasileira número um no campo das relações entre o teatro e a educação, do ponto de vista institucional, é, sem dúvida, o avanço significativo da formação inicial e permanente dos professores e coordenadores de oficina. Mais do que nunca, a capacitação profissional aparece como a pedra de toque dos esforços pela habili-

---

2. Pierre Voltz, "Théâtre et éducation: l'enjeu formateur", *Cahiers Théâtre/ Éducation*, n. 3, pp. 99-119.

4 ENTRE O MEDITERRÂNEO E O ATLÂNTICO, UMA AVENTURA TEATRAL

tação de uma jovem geração capaz de propor novas funções sociais para a representação teatral, e este é o alvo para o qual nossa atenção está dirigida.

Chegamos assim à nossa questão. A visão contemporânea da posição ocupada pelo texto não dramático na representação, combinada à ênfase no aspecto lúdico do fazer teatral, constituem a moldura deste trabalho.

Embora vários campos dos estudos teatrais se refiram, direta ou indiretamente, à relação entre o texto escrito e o jogo teatral, essa relação se reveste de uma pertinência peculiar no que tange às passarelas ligando teatro e educação. Do ponto de vista da evolução das práticas propriamente ditas, há, em nosso país, importantes avanços a serem efetivados.

Um desafio de grandes proporções dentro da reflexão pedagógica atual sobre o teatro, tanto em sua vertente especificamente escolar, quanto no âmbito da ação cultural é o confronto com o pensamento do outro, presente na materialidade do texto. Entrar em relação com um texto de ficção é mergulhar em outra lógica, é experimentar outras identidades, outros pensamentos, outras existências, o que implica naturalmente um poderoso exercício de alteridade. O escritor Björn Larsson ilustra com propriedade essa noção ao afirmar que "a literatura, como a verdadeira viagem de aventura, deve ser um encontro com o outro do qual não se sai incólume"[3]. Dado que o texto literário certamente contribui para um alargamento dos sentidos e para a abertura de um espectro de percepções mais amplo, sua inclusão no fazer teatral arrasta para a cena essas potencialidades. Assim sendo, quando crianças, jovens ou adultos incorporam a abordagem de textos ficcionais a um fazer teatral com características lúdicas, ampliam-se as referências de quem joga.

Em 1994 começamos a voltar nossos esforços em direção ao exame da combinação entre jogo teatral e textos quase sempre literários, por meio de um processo de experimentação junto a diferentes faixas etárias. No âmbito de três oficinas realizadas com crianças, jovens e adultos – as duas primeiras na Escola de Aplicação da Faculdade de Educação e a terceira na Escola de Comunicações e Artes, ambas na Universidade de São Paulo – jogos teatrais foram formulados e experimentados a partir de textos diversos, tais como poesias, crônicas, notícias de jornal, letras de canções populares e fragmentos de prosa narrativa. Esses jogos envolveram textos lidos tanto dentro, quanto fora da área da representação, lidaram com múltiplas variações relativas ao espaço cênico, abordaram diferentes utilizações da imagem fixa e, sobretudo, lançaram as primeiras luzes sobre a relação entre a ação e o texto. Muitos deles tinham como eixo a percepção de que um frag-

3. *Le Monde*, 12/10/1980, p. 15.

mento textual adquire diferentes conotações em função de uma série de fatores: a maneira pela qual é emitido, o destinatário a quem se dirige e a situação em que tudo isso ocorre.

Essa abordagem inicial revelou pistas fecundas. As crianças, com idade em torno de dez anos, apresentaram nítido desenvolvimento da escuta recíproca e da capacidade de jogo, dentro de procedimentos que introduziram pequenos recortes textuais, sem preparação prévia. Os adolescentes passaram gradativamente de uma tendência de ilustração sumária dos elementos lingüísticos, à descoberta do prazer do envolvimento na dimensão lúdica. No caso dos adultos, estudantes do Departamento de Artes Cênicas, a fragmentação dos textos permitiu, como havíamos previsto, a descoberta do caráter sensível da palavra e abriu perspectivas para a articulação dos fragmentos em um novo todo, fruto da combinação entre eles e outros sistemas de signos. As primeiras respostas obtidas indicavam que a apropriação lúdica de textos não teatrais consistia num caminho promissor.

Àquela altura, razões de ordem conjugal nos levaram a considerar a possibilidade de um afastamento do país por um período de um ano e meio. Uma cidade marroquina passaria a ser o local de residência temporária, fato que acabou gerando um novo equacionamento das nossas interrogações. Dois desejos, talvez igualmente intensos, se faziam presentes: extrair o maior benefício possível da vivência no Marrocos e assegurar algum nível de continuidade para o trabalho iniciado na Universidade de São Paulo.

Foi essa contingência que nos levou a investigar ao longo de 1995-1996 como se dá a relação entre jogo e texto literário em processos teatrais desenvolvidos no âmbito educacional e na esfera da chamada ação cultural, numa cultura específica, a do Marrocos. Princípios de trabalho já emergentes a partir da experiência paulistana seriam então retomados e ampliados em novo contexto. Tal pesquisa, efetuada em Tetuán, no norte do país, tinha, portanto, como meta a médio prazo, a transferência dos resultados obtidos para a nossa tarefa de formação de docentes e pesquisadores dentro da USP.

No mundo árabe, em que a palavra vem a ser fundadora da civilização e da vida entre os homens, não é o dramático, mas sim o épico que caracteriza as manifestações mais relevantes da literatura. O conhecimento da visão de mundo árabe passa necessariamente pelo exame de manifestações como a narrativa, a fábula, o provérbio e o ditado. Nesse sentido, cabe lembrar as palavras de Anatol Rosenfeld:

A maneira pela qual é comunicado o mundo imaginário pressupõe certa atitude em face deste mundo, ou, contrariamente, a atitude exprime-se em certa maneira de comunicar. Nos gêneros manifestam-se, sem dúvida, tipos diversos de imaginação e de atitudes em face do mundo[4].

4. A. Rosenfeld, *O Teatro Épico*, p. 17.

6 ENTRE O MEDITERRÂNEO E O ATLÂNTICO, UMA AVENTURA TEATRAL

Dois pressupostos fundamentaram a investigação. O primeiro diz respeito ao componente cognitivo inerente à ficção. O pensador francês Jean-Marie Schaeffer contribui para esse entendimento quando afirma que a mimese é operação cognitiva em dois sentidos. Por um lado, ela recorre a um conhecimento e, por outro, ela própria é fonte de conhecimento[5]. Práticas envolvendo ficção artística, por serem fundamentadas numa relação de imitação – mimética – são suscetíveis de se tornarem o que ele denomina de "vetores cognitivos". Outro pressuposto que nos guiou é o de que o texto de ficção traz em seu bojo múltiplas possibilidades de significado, a serem exploradas pelo grupo que se dispuser a jogá-lo teatralmente. Nesse sentido, a pesquisa incorporou elementos da reflexão mais recente sobre o texto não dramático na representação teatral contemporânea a uma busca de caminhos que levassem ao desenvolvimento estético das pessoas envolvidas.

Nosso objetivo consistiu, portanto, em proceder à construção, experimentação e avaliação de práticas teatrais que se propõem a articular caráter lúdico e textos narrativos, na perspectiva de contribuir para a ampliação das relações entre o teatro e a educação. Como referência empírica foram tomadas manifestações do gênero épico de autores de origem árabe, escritas originalmente ou traduzidas em língua francesa.

Embora á meta prioritária fosse a formulação de trajetórias que, partindo de textos narrativos, conduzissem a jogos teatrais, a investigação foi complementada com a criação simultânea de outro tipo de trajetória que, no sentido inverso, levava de jogos teatrais recém-realizados à escrita de textos de caráter literário.

Uma série de hipóteses e de interrogações ganham forma a partir da introdução do texto como elemento deflagrador do jogo. O papel assumido pelo jogador deixa de ser engendrado exclusivamente a partir das suas relações com outro jogador e com o ambiente, passando a incorporar também elementos provenientes de uma matéria textual a ser de algum modo apropriada por ele. O grupo é convidado a se confrontar com um produto configurado esteticamente por um autor ausente, produto este que se apresenta como fonte de uma significação a ser elaborada pelos jogadores. Tínhamos uma suposição a ser verificada; acreditávamos que, ao dialogar com um referencial textual e ao transpô-lo para a ação dramática, os jogadores ampliariam suas possibilidades estéticas e repensariam o quadro de referências do qual dispunham até então para se situar no mundo.

A própria natureza diversificada dos textos a serem empregados suscitava múltiplas questões. Contos, crônicas, novelas interessariam de modo comparável grupos de trabalho com diferentes idades e motivações? A própria materialidade do significante textual poderia ser um

5. J.-M. Schaeffer, *Pourquoi la fiction?*

vetor para a condução do jogo? Como poderia ser operacionalizado esse caminho?

O jogo teatral, por sua vez, pode dar origem à escrita de textos também de natureza variada: narrativas de várias espécies, poesias, peças teatrais. Em meio às questões que dizem respeito a essa perspectiva de atuação, algumas se destacaram. Quais os passos necessários à instauração de um processo de escrita ficcional a partir da observação de jogos? Como conciliar as peculiaridades da prática individual com os benefícios da prática coletiva, dentro do processo da escrita?

As perguntas às quais tentaremos responder foram equacionadas dentro de uma interseção particular entre o Brasil, o Marrocos e a França. O Brasil foi o ponto de partida e de chegada; dentro de seu contexto nasceram as preocupações que nos moveram e para suas necessidades convergem os resultados aos quais foi possível chegar. O Marrocos trouxe a descoberta de uma cultura outra, a riqueza da alteridade ampliada, a força de uma experiência de ordem, pode-se dizer, antropológica. Da França provém a língua empregada como meio de comunicação, assim como considerável parcela do referencial que subsidiou a aventura teatral.

Gostaríamos de salientar um aspecto cuja significação é eloqüente: a confluência entre as águas do Mediterrâneo e do Atlântico se dá muito perto de Tetuán. A cidade de fato está implantada numa região particularmente cosmopolita: vizinha de Tânger, ela se encontra próxima de Gibraltar – território inglês na Espanha – e de Ceuta, enclave espanhol em terras marroquinas. A poucos quilômetros de Tetuán nos deparamos com uma montanha, o *Djebel Musa*, que, paralelamente ao rochedo de Gibraltar, vem a ser uma das colunas instaladas por Hércules com o propósito de instaurar uma fronteira de proteção a não ser ultrapassada pelos gregos. Do seu cume se pode observar o casamento entre os dois mares. A confluência tangível das águas – contígua ao tecido urbano de Tétuan – alimenta simbolicamente a imagem do encontro entre várias culturas.

E o encontro das águas marinhas ilustra a fusão que perpassa este trabalho. O Atlântico, que remete imediatamente ao Brasil, é também o denominador comum entre os três países. O Mediterrâneo traz em seu bojo o fascínio da descoberta de uma outra visão de mundo e é a fonte das referências mais remotas que temos sobre nós mesmos. Mescladas, as águas de um e de outro não são mais aqui passíveis de distinção.

Na perspectiva de levar o leitor a refazer os passos dessa aventura teatral, o capítulo inicial descreve as peculiaridades do complexo contexto em que se desenrolou a investigação e sintetiza as contribuições bibliográficas mais relevantes sobre os temas que nela confluem.

Dada nossa intenção de proporcionar ao leitor mais de um prisma para a aproximação da experiência, optamos por distinguir a aborda-

8 ENTRE O MEDITERRÂNEO E O ATLÂNTICO, UMA AVENTURA TEATRAL

gem do conjunto dos processos desenvolvidos com os grupos marroquinos, da análise propriamente dita dos procedimentos construídos em torno da relação entre texto e jogo teatral. Tal distinção não deixa de ser delicada, pois são esses últimos que estão na origem dos processos de aprendizagem teatral, tais como hoje podem ser reconstituídos. Ela se justifica, no entanto, quando se pensa em termos da transferência das descobertas realizadas para o nosso país. Assim, o segundo capítulo se detém no exame das dinâmicas engendradas dentro das oficinas teatrais levadas a efeito em Tetuán.

Diferentes procedimentos, conduzindo do texto narrativo ao jogo teatral, são descritos e analisados a seguir. O terceiro capítulo se refere a modalidades lúdicas concebidas a partir de categorias oriundas da análise da narrativa. O capítulo quarto reúne procedimentos de passagem do texto ao jogo, baseados em abordagens de cunho temático e na exploração da noção de colagem.

Um sentido inverso ao dos capítulos anteriores é instalado a seguir, quando modalidades de escrita ficcional originadas na realização de jogos teatrais são apresentadas e discutidas no quinto capítulo.

1. Os Pontos de Partida

Na expectativa de situar o leitor no contexto e nos desafios da experiência teatral aqui enfocada, consideramos oportuno trazer à tona pontos de partida de natureza bastante diversificada que constituíram o enquadramento dentro do qual atuamos. Tentaremos conduzir o leitor ao universo marroquino, enfatizando algumas de suas peculiaridades e abordaremos particularmente as concepções de teatro que perpassam a cultura local. Destacaremos também os princípios e as fontes bibliográficas mais relevantes a partir dos quais engendramos os processos teatrais por nós conduzidos.

A DESCOBERTA DO TERRENO

Mesmo que o desejássemos, não seria possível abstrair o caráter pessoal das observações que traremos à tona: quem escreve é uma brasileira e essa condição certamente perpassa de modo inevitável estas páginas. É a percepção dessa observadora, forjada a partir de um referencial cultural adquirido dentro do Brasil, que constitui o filtro incontornável através do qual elementos do universo marroquino podem ser depurados. Os valores, as referências culturais e a visão de mundo dessa brasileira constituíram uma espécie de corrente subterrânea que, sem dúvida, se fez subjetivamente presente nos vínculos tecidos durante a estadia no país.

Em meio ao estabelecimento de relações com os marroquinos em diferentes dimensões da vida cotidiana e à identificação das diferenças, ocorreu uma aquisição primordial: a consciência da alteridade. Ela se torna palpável quando passa a ser possível pensar a experiência fundamental do encontro com o outro como fator de alteração da consciência de si. A consciência da alteridade se configura como elemento inseparável do trabalho realizado, na medida em que constituiu eixo central da aprendizagem dos participantes e das nossas próprias descobertas. Ela reveste, por assim dizer, todo o trabalho, atribuindo-lhe uma significação particular.

Assim sendo, essas características fazem com que o envolvimento do pesquisador ao longo de todo o processo, desde os primeiros contatos no território marroquino, até o encerramento das oficinas, seja aqui percebido como parte inerente e constitutiva das formulações às quais foi possível chegar durante a investigação.

Paisagens belíssimas se desvelam diante do estrangeiro que descobre o Marrocos. As águas do Mediterrâneo e do Atlântico margeando o litoral escarpado, as montanhas avermelhadas do Atlas, assim como a vastidão ora cinzenta, ora amarelada do Saara promovem o impacto das paisagens que magnetizam o olhar e abrem novos canais à contemplação. Delas fazem parte o vento quase incessante e uma luminosidade singular, que fascinou, entre outros, Delacroix e Matisse.

Na ótica de um ocidental contemporâneo, quando o humano se inscreve nessa natureza, a paisagem por vezes se torna bíblica. Cobertos com túnica de lã e capuz, homens e mulheres atravessam áreas descampadas, montados sobre burros; tendas armadas por pastores nômades em locais áridos, remetem o visitante a um tempo ancestral. Já nas cidades, a intrincada teia que compõe a *medina* – sua porção mais antiga –, o artesanato feérico e o aspecto febril da organização urbana remetem, de imediato, a uma referência que, por ser ficcional, não é menos poderosa: a ambientação de *As Mil e Uma Noites*.

O território marroquino guarda ainda traços da colonização fenícia cujo apogeu se situa em torno do século VII a.C., assim como da dominação romana, já entre os séculos I e III d.C. O primeiro contato com o Islã ocorre apenas cinqüenta anos após a morte de Maomé, isto é, por volta de 680. A conquista da África do Norte pelos árabes se efetua rapidamente e desde meados do século VIII a região está islamizada. Ao longo da dominação árabe na Península Ibérica, o Marrocos se beneficiou com o contato direto com centros refinados de pensamento; até o século XIV, o país viveu na periferia imediata da esplêndida civilização islâmica de Granada, Córdoba e Sevilha.

Diferentes dinastias se sucedem no poder, até que, durante o século XIX contingências econômicas e políticas passam a submeter gradativamente o país a interesses de nações européias. A intervenção estrangeira atinge o ápice em 1912, quando o sultão é levado a aceitar um tratado no qual a maior parte do país é transformada em protetora-

OS PONTOS DE PARTIDA

do francês. Uma pequena porção que cobre apenas 5% do território, situada no norte, torna-se zona de influência espanhola; a capital política dessa dominação é precisamente Tetuán.

O colonialismo francês pretensamente salvaguarda a soberania do sultão. No entanto, escapam à sua autoridade tanto a manutenção da ordem e a defesa, quanto as finanças e a representação no exterior. Prestigiado por ter tentado promover o desenvolvimento cultural do país, o general Lyautey explicitava a concepção "esclarecida" de protetorado, que buscava colocar em prática. Ela dizia respeito a "um país que guarda suas próprias tradições, seu governo, que administra seus próprios órgãos sob o controle de uma potência européia"[1]. Rapidamente contudo, o protetorado se transforma em regime centralizado de administração direta, caracterizado pela ausência de instituições representativas, de liberdades e garantias individuais.

Movimentos de resistência se articulam a partir da década de vinte e culminam, em 1956, com a independência do país. Em 1961, o rei Hassan II assume o poder, no qual permanece até sua morte, em 1999. Seu filho e sucessor, Mohammed VI assume o governo em meio a uma onda generalizada de simpatia. Entre os projetos por ele anunciados, a defesa dos direitos humanos e a prioridade atribuída a uma reforma administrativa em vista da eliminação de arcaísmos correntes reacendem esperanças em torno de seu reinado.

A soberania real é teoricamente exercida por delegação de Deus; o rei é também o "Comandante dos Fiéis", na medida em que sua árvore genealógica remonta supostamente a Maomé. Nessa monarquia de direito divino, o soberano delega suas prerrogativas aos juízes e aos deputados; qualquer contestação na esfera do judiciário ou do legislativo é considerada contestação ao poder real, e, em última instância, a Deus. Fotografias oficiais, presentes em todos os locais públicos, contribuem para um verdadeiro culto à personalidade do monarca. Não se trata de um Estado de direito, na medida em que um simples cidadão não pode colocar em causa os titulares do poder. O Estado controla diretamente o essencial da economia e procura submeter também a seus interesses a cultura e até a vida religiosa. "A monarquia marroquina é um sistema que exclui seus súditos da vida pública, que os dispensa de se definir em relação ao exercício do poder, a não ser por um ato de vassalagem incessantemente repetido"[2].

Do ponto de vista econômico, o sistema produtivo, baseado na extração de fosfato e na agricultura é bastante instável. Ele vem atravessando, nos últimos anos, uma crise de sérias proporções, dentro da qual o desemprego atinge 25% da população ativa. Entre os cidadãos privados de trabalho é possível encontrar grande parte dos portadores

1. J. Brignon (org.), *Histoire du Maroc*, p. 342.
2. B. Etienne, "Les arcanes du sultanat", *Autrement*, n. 48, p. 190.

12 ENTRE O MEDITERRÂNEO E O ATLÂNTICO, UMA AVENTURA TEATRAL

de diploma universitário. Cerca de metade da população já vive nas cidades e a tendência à urbanização vem se intensificando. A disparidade de renda é das mais elevadas do mundo. Enorme distância separa as massas populares urbanas e rurais – estas últimas apresentando indicadores sociais ainda mais graves – de uma reduzida burguesia endinheirada, que manifesta ostensivamente sua riqueza. As escassas perspectivas de melhoria de nível de vida engendram um forte desejo de migração. Milhares de marroquinos tentam todos os anos atravessar clandestinamente o estreito de Gibraltar em precárias embarcações de modo a atingir a Espanha, o que acarreta mortes freqüentes.

Se etimologicamente o termo Islã significa submissão, obediência absoluta a Deus, ele recobre um vasto conjunto de concepções culturais e normas de conduta, e tende a ser definido como uma totalidade. O Islã constitui um sistema de controle social que define os direitos do indivíduo. Dentro dele, entretanto, a fé é condição essencial para que se tenha acesso à plena cidadania; como regra geral, nos países que se dizem muçulmanos, o ateísmo não chega sequer a ser cogitado publicamente.

A crença e a prática religiosa são internalizadas como evidências. Ao fiel cabem duas alternativas: ou obedece aos ditames do Islã, ou é castigado. A transgressão é severamente punida, como ocorre, por exemplo, com as pessoas que se alimentam publicamente na época de jejum do Ramadã e são encarceradas. No entanto, com muita freqüência, ela é cuidadosamente escamoteada: homens adultos bebendo álcool às escondidas são uma ilustração bastante comum dessa tendência.

O texto sagrado do Alcorão, evocado ao longo de toda a vida, é a referência fundamental do marroquino, tanto no plano estritamente religioso, quanto na esfera moral, cultural ou jurídica. Os atos de devoção a Deus, assim como as relações cotidianas entre os homens, são regulados por ele; sempre se raciocina a partir da palavra sagrada e do exemplo de Maomé. O Islã não tem clero que se interponha entre Deus e o fiel, daí a autoridade absoluta do texto sagrado que, naturalmente, se presta a múltiplas interpretações, variáveis segundo as circunstâncias históricas e as condições de vida. O elevado índice de analfabetismo no país – cerca de 55% em média, mas ultrapassando 82% das mulheres na zona rural[3] – não constitui impedimento de acesso ao Alcorão, pois suas passagens são desde muito cedo decoradas pelas crianças. A própria etimologia do termo, aliás, traz embutida essa noção: *quarun* significa recitação.

A questão religiosa, que perpassa todas as dimensões da vida pessoal e coletiva, tem se tornado candente nos últimos anos, na medida em que os movimentos fundamentalistas, bastante ativos sobretudo nas universidades, vêm cada vez mais se organizando com vistas à radica-

3. P. Vermeren, *Le Maroc en transition*, p. 83.

OS PONTOS DE PARTIDA

lização islamista do país. Na ausência de uma perspectiva histórica, o passado é glorificado e se torna a única referência para pensar o presente. Para essas correntes, que recusam a idéia de adaptar o Islã à contemporaneidade, a transformação social preconizada é o retorno à aplicação estrita do Alcorão e a retomada da tradição do Profeta, através de estratégias cuja violência constitui hoje uma das mais sérias preocupações dos governos do mundo todo.

No caso do Marrocos, a atuação dos fundamentalistas islâmicos, instalada gradativamente a partir dos anos de 1970, ocupa o vazio aberto pela aniquilação da contestação de esquerda, até então vigorosa em escolas e universidades. Diante da notória insuficiência de um Estado quase ausente, os fundamentalistas passam a assumir postura ostensivamente caritativa, assegurando às camadas menos favorecidas serviços públicos de primeira necessidade: alfabetização sumária com base no Alcorão, saúde, água corrente, eletricidade. Ao promover a criação de laços sociais numa sociedade esgarçada, conquistam novos militantes, sobretudo na periferia das grandes cidades. Uma das raízes do movimento no Marrocos durante o governo de Hassan II foi a contestação da monarquia, tida como corrupta, ditatorial e incapaz de resolver os grandes impasses sociais e econômicos do país.

A fragilidade de uma sociedade civil apenas nascente, e a ausência de perspectivas concretas de transformação política, conduzem esses grupos à rejeição de valores percebidos como imposições ocidentais, tais como os direitos humanos, a democracia parlamentar ou a emancipação da mulher. A sociedade árabe dos tempos de Maomé passa assim a ser encarada como a alternativa desejável de transformação.

Efetuada em meio patriarcal, a educação familiar procura inculcar a noção de autoridade, inicialmente sob a figura paterna e, a partir daí, recorrendo ao professor da escola corânica, ao rei e a Deus. A autoridade vem sempre de fora e do alto; a referência à tradição é sistematicamente evocada como resposta a dúvidas eventualmente levantadas, privando o indivíduo do exercício da liberdade. A relação entre aluno e professor é permeada por uma reverência mesclada de temor, que exclui o diálogo. Um cotidiano escolar no qual o saber de cor é a tônica – da alfabetização à universidade – leva irremediavelmente à imobilidade e à passividade do estudante.

> Desde que [o leitor árabe contemporâneo] veio ao mundo, não cessaram de inculcar-lhe a tradição, sob a forma de um certo vocabulário e de certas concepções, de uma língua e de um pensamento. Sob a forma de fábulas, de lendas e de representações imaginárias, de um certo tipo de relação com as coisas e de uma maneira de pensar. Sob a forma de conhecimentos e de verdades. Tudo isso, ele recebe sem nenhum trabalho ou espírito críticos. É através desses elementos inculcados que ele entenderá as coisas, e é neles que baseará as suas opiniões e as suas observações. O exercício do pensamento em suas condições é antes um jogo de rememoração; quando o leitor árabe debruça-

14 ENTRE O MEDITERRÂNEO E O ATLÂNTICO, UMA AVENTURA TEATRAL

se sobre os textos da tradição, sua leitura desses textos será, portanto, rememorativa e não exploradora e racional[4].

Homens e mulheres vivem em universos paralelos. O véu, em todas as suas versões – que com maior freqüência cobre apenas a testa e a cabeça, ocasionalmente cobre também o rosto, ou, mais raramente em Tetuán, vela o corpo todo e deixa apenas o olhar descoberto – perpassa todas as classes sociais e é adotado por grande parte da população feminina. Alijada da esfera de decisões sociais mais amplas, a mulher acaba criando domínios de poder no âmbito doméstico, especialmente quando sua existência é legitimada ao gerar filhos do sexo masculino. O casamento acertado pelos pais continua ocorrendo; o exercício pela mulher de atividade profissional remunerada é uma opção a ser negociada com o cônjuge no contrato nupcial.

No entanto, o observador atento é capaz de detectar transformações sociais em curso, que tornam-se cada vez mais tangíveis. O êxodo rural, a emigração, a industrialização progressiva e os novos hábitos de consumo disseminados pelo Ocidente já são fatos inscritos no cotidiano. Em pleno tecido urbano de Tetuán, por exemplo, em terrenos descampados onde pastam rebanhos de ovelhas conduzidas por pastores em trajes tradicionais, desponta uma profusão de antenas parabólicas que captam emissoras do mundo todo. A mídia difunde regular e intensamente padrões de comportamento em ruptura com modelos antigos; a sociedade de consumo e as práticas sociais das nações mais desenvolvidas exercem grande fascínio sobre a população. De modo abafado, anuncia-se, a partir de índices diversificados, a ascensão do individualismo transgressor. Fortalece-se o debate sobre a condição feminina e aumenta consideravelmente o número de associações, sedimentando a sociedade civil.

Como não poderia deixar de ser, os conflitos entre os valores veiculados por uma televisão insidiosa e o peso de uma sociedade modelada por preceitos religiosos ancestrais são intensos. Dividido, o marroquino é ameaçado por uma dupla alienação: de um lado, a ocidentalização e, de outro, o apelo à "autenticidade". A tentação de se inserir no Ocidente é acompanhada do medo de sofrer sua agressão. Mounia Bennani-Chraïbi[5], socióloga que vem analisando as dinâmicas mais recentes que atravessam a esfera social e política no Marrocos, se refere a uma espécie de *bricolage*, a acertos internos que o indivíduo é levado a fazer consigo mesmo para se situar em seu comportamento cotidiano. Segundo ela, é essa dialética entre dois sistemas de referência tão diversos que começa pouco a pouco a engendrar a noção de individualidade como valor emergente. Abrem-se brechas discretas no sentido da

4. M. Abed al-Jabri, *Introdução à Crítica da Razão Árabe*, pp. 55-56.
5. M. Bennani-Chraïbi, *Soumis et rebels, les jeunes au Maroc*.

OS PONTOS DE PARTIDA

eclosão de uma consciência individual, distinta da religião, responsável pela interiorização da moral. O delicado desafio que se apresenta atualmente ao Marrocos é o de inventar uma modernidade islâmica de modo a integrar uma modernização que aparece como irreversível.

Tetuán, onde se desenrolou a investigação, situa-se no norte do país, ao pé das montanhas do Rif. Considerada cidade andaluza em território marroquino, foi fundada, por assim dizer, pela segunda vez no século XIV por árabes emigrados de Granada, sobre ruínas do século VIII, mencionadas em narrativas árabes e européias. Importantes trocas comerciais efetuadas através de seu porto, hoje extinto, fizeram dela um centro de prestígio no início do século XVIII, época em que conviviam harmoniosamente árabes, judeus e berberes. O período subseqüente assistiu a uma fase de declínio da cidade, ocasionado pelo progressivo aumento da importância dos portos do Atlântico e pela perda da relativa autonomia política de que desfrutava. A cidade abriga atualmente cerca de quatrocentos mil habitantes.

O contato com a língua do país fez aflorar à consciência da pesquisadora a importância do domínio árabe na Península Ibérica e o grau de influência daquela cultura na colonização brasileira. Embora no Brasil esses fatos sejam aprendidos na escola secundária, a vivência de determinados vocábulos que passaram do árabe para o português reavivava, de modo especial, aquela consciência. Por vezes era prazeroso reconhecer ou apreender a origem árabe de palavras ouvidas casualmente, cujo som remetia, por exemplo, a termos como *azeitona, azulejo, salamaleque, Bahia* (brilho), *oxalá* (o termo em árabe é *Inch' Allah*, equivalente a "se Deus quiser"). Em meio àquela massa sonora indistinta, composta de fonemas opacos aos nossos ouvidos, a identificação repentina de uma palavra provocava grande satisfação. Do mais estrangeiro emergia, de repente, o mais familiar. Referências próprias à cultura da visitante ganhavam, assim, nova envergadura.

Embora o francês seja o segundo idioma oficial do país, em Tetuán e seus arredores o espanhol tem primazia, constituindo, depois do árabe, a língua mais utilizada na comunicação oral. A proximidade da Espanha assegura até hoje a permanência de uma grande influência daquela cultura na vida da cidade, presente na alimentação, na arquitetura e, acima de tudo, na língua falada. Nesse sentido, foi curioso encontrar na cidade o *Cabo Negro*, o *Cinema Avenida* ou o *Restaurante Restinga*.

Completando a complexa paisagem lingüística local, há ainda o berbere, conjunto de diferentes dialetos de origem da população autóctone dos países que constituem hoje o *Maghreb* – Marrocos, Argélia e Tunísia – falados desde o período anterior à conquista árabe. A denominação desse grupo vem do fato de terem sido considerados bárbaros pelos romanos que iniciavam, então, a penetração na África do Norte.

16 ENTRE O MEDITERRÂNEO E O ATLÂNTICO, UMA AVENTURA TEATRAL

Os berberes, islamizados desde a chegada dos árabes, constituem hoje um terço da população marroquina. Até recentemente, o *tamazight*, língua berbere que se desdobra em vários dialetos, possuía uma tradição exclusivamente oral. Nos últimos anos, as jovens gerações berberes vêm militando no sentido de codificar e transcrever sua língua natal, de modo a incluí-la na escolaridade básica e a proceder a um inventário de seu patrimônio literário. Alguns avanços nesse sentido vêm se fazendo notar, apesar das restrições manifestadas pela supremacia árabe em relação à exacerbação do sentimento berbere.

A sensação de estar imerso numa história de *As Mil e Uma Noites*, à qual nos referimos, chega ao seu apogeu em um passeio pela *medina* de Tetuán, a cidade antiga, toda branca, cercada de muralhas. Ruas e passagens estreitas se cruzando numa organização labiríntica convidam o visitante a andar sem destino e a se perder. Terraços superpostos se combinam com cúpulas, arcadas, passagens estreitas e quase secretas, num emaranhado arquitetônico fascinante. Dentro dele, tentativas de distinção entre o público e o privado resultam muitas vezes vãs.

Muitos são os espaços de convivência. As pessoas conversam animadamente nas mesquitas, praças e fontes, que freqüentemente constituem o único ponto de água corrente das imediações, além do *hammam*, o banho público, concorrido sobretudo antes da grande oração das sextas-feiras. Outra referência importante da vida social, no caso feminina, são os fornos públicos, onde as mulheres conversam enquanto assam a massa de pão que trazem preparada de casa. Um comércio barulhento e coloridíssimo possibilita o aprendizado do ato de pechinchar, básico em qualquer relação que leve à compra, da verdura ao tapete. Ao longo das ruas e vielas, portas austeras se abrem para o interior de residências, às vezes grandiosas e decadentes, construídas em torno de vetustos pátios internos azulejados, repletos de charme.

TEATRO E INSTITUIÇÕES TEATRAIS NO MARROCOS

As poucas publicações e as pesquisas universitárias referentes ao teatro no Marrocos costumam incluir, em seu bojo, de maneira mais ou menos explícita, uma interrogação sobre a possibilidade mesma de um teatro em contexto islâmico.

Argumentos de ordem diversa tentam explicar as razões da ausência de teatro nos países muçulmanos até épocas bem recentes, assim como a fragilidade de sua inserção na vida social na atualidade. O exame dessas justificativas, como não poderia deixar de ser, passa necessariamente pela compreensão do próprio Islã.

Um dos argumentos mais sólidos justifica a ausência de representação teatral entre os fiéis do Islã em função da concepção particular de Deus que os une. O homem muçulmano desconhece o conflito inte-

OS PONTOS DE PARTIDA 17

rior; "sua concepção autocrática de Deus e sua submissão ao destino o fazem considerar o homem como um todo que nunca se revolta contra o poder eterno"[6]. O não acesso do pensamento árabe à forma dramática e à elaboração de uma consciência trágica estaria, portanto, vinculado ao fato de que a noção de conflito inexiste no pensamento muçulmano. Todas as coisas dependem de Deus e tudo o que provém dele é indiscutível, de modo que a vontade islâmica se funde à vontade divina.

Na tentativa de discutir e ilustrar a inexistência do sentimento trágico entre os árabes, Muhammed Aziza[7] recorre à exemplificação de diferentes modalidades de conflito presentes na tragédia grega. O autor mostra, assim, que as concepções religiosas do muçulmano não abrem espaço para que ele realize sua liberdade e sua individualidade, seja em oposição à vontade divina – cita o exemplo de *Prometeu* – seja em oposição à estrutura social – como em *Antígona* – seja em oposição à fatalidade absoluta do destino – como em *Os Persas*.

Um segundo argumento se alia ao anterior no mesmo sentido. Constituído por um forte componente religioso, diz respeito à interdição da imagem.

Maomé, como se sabe, não tinha a pretensão de criar uma nova crença, mas afirmava desejar restaurar a religião revelada por Deus aos profetas, antes que os seres humanos a pervertessem ou a esquecessem totalmente. Atribui-se a seus preceitos a interdição da representação figurativa, que acarretou o não desenvolvimento de qualquer forma de arte pictural ou representativa no mundo muçulmano. A excelência da abstração atingida na cultura mulçumana se faz presente, como se sabe, nos arabescos e na caligrafia, encarnação mesma da palavra divina. No entanto, tal proibição é, na realidade, bem anterior e pode ser encontrada na Bíblia: "Não farás para ti imagem de escultura, nem alguma semelhança do que há em cima nos céus, nem em baixo na terra, nem nas águas debaixo da terra" (Êxodo 20:4). Não apenas ícones religiosos, mas também toda representação pictural do homem ou de seres vivos, em síntese de todas as criações divinas, estariam aí incluídas. Retomada pelo profeta, essa interdição iria mais tarde constituir uma das principais razões que explicariam a ausência de representação teatral no mundo árabe.

O antropólogo Jack Goody nos ajuda a compreender esse fenômeno de modo mais amplo, para além do islamismo, situando-o no vasto espectro da relação do homem com a representação por meio da imagem e do teatro. Representar remete a "apresentar de novo", ou seja, a apresentar algo que não está presente. Assim, segundo ele, há algo de paradoxal nessa noção em termos teológicos. Na medida em que há um Deus supremo que tudo criou, ele mesmo não pode ser

6. M. Corvin, *Dictionnaire Encyclopédique du Théâtre*, p. 441.
7. M. Aziza, *L'image et l'Islan*.

18 ENTRE O MEDITERRÂNEO E O ATLÂNTICO, UMA AVENTURA TEATRAL

criado. A pretensão de ser o autor de uma imagem, ou seja, de repetir o ato único do criador, seria uma afronta. A invisibilidade de Deus torna absurda sua representação corporal. A eventualidade de tornar visível o invisível, de traduzir o imaterial em material, levanta problemas evidentes que Goody vai denominar "conflitos cognitivos". Para ele, a contestação potencial da mimese resulta da contradição cognitiva própria à representação: se por um lado, a mimese é essencial e se faz presente com freqüência, por outro, ela não constitui a coisa mesma. Em relação ao teatro, os exemplos são múltiplos na própria Europa. O fato de as atrizes terem surgido tardiamente, as posições de Cromwell ou dos puritanos contrários ao teatro na Inglaterra, assim como a postura de Rousseau no que tange aos efeitos da mimese no teatro sobre a moral, são manifestações eloqüentes do profundo receio inspirado pelo caráter tido como enganador dessa arte.

Essas constatações permitem a Goody dar o passo que nos interessa aqui destacar: "A prudência em relação à re-presentação que, por definição não é a 'realidade', é um elemento da história universal da cultura"[8]. O aspecto transcultural dessa ambivalência em relação ao teatro e à imagem, faz com que diferentes sociedades ou grupos possam avaliar essa questão de diferentes maneiras, ao longo do tempo ou através do espaço. Para Goody, essa alternância de pontos de vista está potencialmente presente na própria condição humana e na sua maneira de compreender o mundo.

Posicionando-se também na linha do estabelecimento de conexões com o ocidente, Wannus[9], um homem de teatro contemporâneo, discute a noção de representação teatral no islamismo e afirma que a própria forma da representação teatral é, em si mesma, objeto de receios por parte do poder. Lembrando a posição da Igreja que, à semelhança de outras religiões monoteístas, combateu o teatro, o autor mostra como a figuração dos personagens provoca a dessacralização das personalidades no poder, suscita interrogações na consciência do público e constitui uma ameaça para o sagrado e os religiosos.

Há ainda outros argumentos, de ordem mais discutível, que tentam justificar a ausência de arte teatral no meio muçulmano. Um deles ressalta a própria estrutura social no mundo árabe, que, segundo alguns autores, contribuiria para explicar o fenômeno. Na origem, tratava-se de uma sociedade nômade; a ausência de um meio urbano teria tornado inviável a emergência do teatro. Razões ligadas à língua são igualmente apontadas: o árabe clássico, de natureza literária, completamente diverso da língua falada, não se prestaria à representação teatral.

Torna-se necessário, no entanto, marcar nitidamente aqui uma ressalva. Todo o debate sobre a pretensa ausência de representações de

8. J. Goody, *La peur des représentations*, p. 167.
9. S. Wannus, *Manifestes pour un théâtre arabe nouveau*.

caráter cênico no mundo árabe tende a ser falseado pela definição restritiva que é dada ao fenômeno teatral. Essa caracterização tem por base uma visão do teatro ocidental considerado como forma universal, única referência a partir da qual práticas espetaculares de outras culturas, tais como ritos ou cerimoniais, são examinadas. Na medida em que erigem como norma absoluta as categorias de Aristóteles na *Poética*, muitos autores acabam identificando teatro com poesia dramática.

Ao fazê-lo, excluem da análise acontecimentos de caráter inegavelmente espetacular, que, no caso específico do Marrocos, dizem respeito tanto às festividades religiosas ligadas aos preceitos islâmicos, quanto às danças que levam ao êxtase e aos rituais vinculados ao culto dos santos. Embora tais eventos ocorram em locais e circunstâncias nem sempre acessíveis aos não-muçulmanos, sabe-se que constituem importante dimensão simbólica da existência de grande parcela de marroquinos.

Lembramos, nesse sentido, o surgimento relativamente recente na França da "etnocenologia", tentativa de abordar fenômenos de caráter teatral numa perspectiva não etnocêntrica. Definida como "o estudo nas diferentes culturas, das práticas e dos comportamentos espetaculares organizados"[10], ela lança um olhar abrangente a ritos, cerimônias e outras modalidades simbólicas, procurando assim dar conta de manifestações carregadas de espetacularidade que escapam a uma visão estritamente aristotélica e européia.

Uma tal mudança de ótica permite detectar significativas manifestações de teatralidade comuns às sociedades muçulmanas. Em meio às frias montanhas do Atlas marroquino se desdobra uma versão berbere da festa religiosa do *Aïd el Kébir*: uma mascarada na qual um homem vestido de mulher se destaca em meio a outros portando máscaras e sexos enormes de palha. Cantando e dançando diante das casas, ele provoca as mulheres com obscenidades ditas em árabe, língua que elas não dominam. Outra manifestação especialmente interessante, o ritual do *Ahouach* é uma surpreendente exibição de corpos masculinos e femininos. Tendo o tambor como único instrumento, homens e mulheres travam um diálogo musical e corporal face a face; em alternância, pessoas de um e outro sexo conduzem o canto. O desafio consiste em revelar sensibilidade pessoal em relação ao cotidiano, tratando poeticamente de fatos da atualidade do vilarejo.

Além de um vasto conjunto de múltiplas formas tradicionais, próximas do rito e da festa, é possível encontrar também, embora cada vez mais esporadicamente, o teatro de sombras e o teatro de marionetes.

---

10. Jean-Marie Pradier, "Etnoscénologie: la profondeur des émergences", *La scène et la terre. Questions d'etnoscénologie*, p. 16. Pesquisas no campo da etnocenologia vêm sendo realizadas no Brasil, especialmente na Universidade Federal da Bahia.

20 ENTRE O MEDITERRÂNEO E O ATLÂNTICO, UMA AVENTURA TEATRAL

Uma das figuras mais conhecidas nesse campo é o "Karagöz", personagem cômico de origem turca, marcado pela esperteza.

Entre as manifestações que se valem da noção de representação, presentes nas diversas sociedades islâmicas, a principal, sem dúvida, é a existência de contadores profissionais. O *qassâs* é na origem um contador de histórias responsável pela exaltação religiosa dos exércitos muçulmanos em combate. Pouco a pouco, ele passa a ser intérprete popular e predicador do Alcorão, exercendo suas funções dentro da mesquita e misturando, em seu discurso, lendas judaicas ou cristãs e contos populares de origem pré-islâmica. "Acreditamos que o *qassâs*, contador profano de narrativas religiosas, em oposição ao *mudakkir* ou *qâri*, que permanece fiel à lei e às palavras do Profeta, é o único 'ator' da tradição árabe"[11].

Com o correr do tempo, o contador profano passa a assumir o papel de guardião da cultura popular e da memória coletiva, apoiando-se no mito para transmitir um discurso pessoal sobre o sagrado. Suas histórias são contadas tanto por meio da palavra quanto do gesto. Mesmo quando assume um ou mais personagens, trata-se sempre de uma interpretação de caráter passageiro, já que ele invariavelmente retoma a responsabilidade do curso da narrativa. Muitas vezes ele conta em versos cantados, acompanhado por um instrumento musical. Na maior parte dos casos é acompanhado por acessórios simples, como um tapete e um bastão, que se transformam, ao longo da narrativa, em palácio, cavalo ou no que for desejável... Um ou outro espectador pode ser convocado para entrar dentro da ficção, emprestando pontualmente seu corpo para dar vida à narrativa.

A partir das últimas décadas, em função de múltiplos fatores, a tradição do contador começa a declinar, o que nos remete a uma interessante afirmação de Faivre[12]. "Seguidamente se observou que as civilizações do contador, em última análise, não eram civilizações de teatro e que, no mundo árabe ou na África negra, um desaparecia quando surgia o outro, como se houvesse incompatibilidade entre os dois".

O declínio da arte do conto, tão bem analisado por Walter Benjamin, é nitidamente observável em Tetuán, onde a tradição do contador, ao que tudo indica, pertence ao legado do passado. Essa desaparição progressiva pode ser de fato observada em nossos dias em todo o território marroquino, inclusive em Marrakech, cidade famosa pelo brilho dos contadores de história em praças públicas, hoje, presença cada vez mais rara.

Benjamin nos lembra que a desvalorização da experiência transmitida oralmente acabou acarretando que o narrador se deslocasse do

---

11. M. Sammoun, *L'expérience radicale dans le théâtre arabe*, p. 210.
12. B. Faivre, "Le théâtre et le jongleur", em J. Jomaron (org.), *Le théâtre en France*, p. 39.

OS PONTOS DE PARTIDA

domínio da palavra viva e passasse a se confinar no campo da literatura. Se as marcas do discurso do contador têm uma multiplicidade de linguagens como referência, as do narrador são exclusivamente lingüísticas. E é a perda desse aspecto particular da tradição oral – a troca de experiências – que Benjamin aponta como significativa, na medida em que conduziu aos rumos da literatura atual, em que o romance impera: "O narrador retira da experiência o que ele conta: sua própria experiência ou a relatada pelos outros. E incorpora as coisas narradas à experiência dos seus ouvintes"[13].

No que concerne o caso particular do Marrocos, o que se observa é a perda – inevitável, em termos absolutos – da vitalidade de uma prática ancestral, não acompanhada por outras formulações cênicas que possam dar conta dos complexos componentes de uma visão de mundo contemporânea.

A descoberta do teatro ocidental pelo mundo muçulmano data do século XIX, com a infiltração da cultura européia e sob o efeito da transformação das estruturas sociais, resultante de novas condições políticas e econômicas. As primeiras manifestações reconhecidas do jovem teatro marroquino datam de 1923, na cidade de Fès, e se vinculam à militância nacionalista contra o colonialismo.

Após a independência, em 1959 é criado o Centre Marocain de Recherches Dramatiques, cuja principal missão consiste em dotar o país de um teatro nacional. Curiosamente, tal projeto guarda semelhanças com aquilo que se passa em São Paulo na mesma época, por meio da criação do Seminário de Dramaturgia do Teatro de Arena. Em dez anos de atuação de seus *ateliers d'auteurs*, emergiram dramaturgos, diretores, atores e técnicos. Constituiu-se um repertório de peças originais, adaptações e traduções; entre as duas últimas destaca-se o lugar privilegiado atribuído durante aqueles anos às obras de Molière. Nesse quadro, o diretor francês André Voisin, entusiasta das novas possibilidades a serem formuladas, adapta, para o teatro, temas da cultura popular.

Uma vertente distinta é constituída pelas associações de teatro amador formadas por estudantes, cujo maior vigor se faz sentir nos anos de 1970 com espetáculos que desempenham função de denúncia da política local. Temas como a injustiça social, a repressão política e a corrupção generalizada caracterizam esse teatro audacioso e engajado, avesso às diretrizes oficiais.

O quadro atual mostra que a filiação das manifestações cênicas marroquinas a certos modelos teatrais já incorporados, sobretudo na França, é manifesta, o que não impede que ela seja eventualmente contestada pelos realizadores mais ousados. Quando se tenta responder à

---

13. W. Benjamin, "O Narrador. Considerações sobre a Obra de Nikolai Leskov", *Magia e Técnica, Arte e Política. Obras Escolhidas*, vol. 1, p. 201.

22 ENTRE O MEDITERRÂNEO E O ATLÂNTICO, UMA AVENTURA TEATRAL

inevitável interrogação sobre quais seriam as opções teatrais tidas como as mais aptas a interpelar o homem marroquino atual, os caminhos encontrados tendem a amalgamar, em diferentes proporções, tradição e contemporaneidade.

Apenas duas instituições se ocupam hoje de teatro no país: o Théâtre Mohammed V, criado em 1973, e o Institut Supérieur d'Art Dramatique et d'Animation Culturelle – ISADAC – em funcionamento desde 1987. Ambos estão situados em Rabat, a capital, a cerca de 300 km de Tetuán.

Uma declaração de Abdelwahed Ouzri, diretor do grupo *Le théâtre d'aujourd'hui*, a respeito do desempenho do poder público é bem eloqüente: "Tudo o que um grupo pode esperar do Estado é que o Théâtre Mohammed V compre alguns espetáculos"[14]. Com efeito, trata-se de um edifício teatral requisitado o mais das vezes para comemorações nacionais e manifestações políticas, que não conta com programações ou projetos definidos.

A precariedade também é a nota dominante no ISADAC, visto que a formação profissional oferecida sofre de carência de meios humanos e materiais. Ela procura conciliar pólos relativamente diferenciados, como o da interpretação e direção teatral por um lado e o da assim chamada animação cultural por outro. Esta última, tributária de uma insuficiência conceitual já flagrante na sua matriz francesa, a noção de "animation", padece no ISADAC de uma indefinição ainda mais flagrante, na medida em que abriga desde o desempenho de apresentadores de rádio e monitores turísticos, até a atuação de coordenadores de oficinas propriamente teatrais em centros culturais.

Entre todas as manifestações artísticas no Marrocos, o domínio do teatro é o menos organizado, carecendo de estabilidade e de continuidade. Ele depende de dois ministérios: *Affaires Culturelles*, por meio da *Direction des Arts*, que não dispõe de orçamento específico para o teatro, e *Jeunesse et Sports*, encarregado do teatro amador, que recobre a esmagadora maioria da atividade teatral no país. As tradicionais categorias de teatro amador e profissional se mostram, com efeito, inadequadas para o exame da atividade teatral no país hoje.

As práticas culturais em geral e teatrais em particular aguardam sistematicamente ajuda estatal para se exercerem enquanto atividade permanente. O poder administrativo se manifesta efetivamente em vários planos : "Ele erige-se como poder financeiro, exerce uma verdadeira tutela sobre o trabalho de criação, regulamenta as condições da representação teatral e se instala como o verdadeiro poder diante do fato teatral"[15].

---

14. T. Bouchra, "L'organisation du théâtre au Maroc et sa relation avec l'état", p. 101.

15. A. Ouzri, *Le Théâtre au Maroc. Structures et Tendances*, p. 50.

Dentro desse contexto não se pode falar especificamente de uma reflexão sobre o papel pedagógico das práticas teatrais. A referência mais significativa encontrada nessa área é uma publicação que já não pode ser qualificada de recente. Trata-se de *Théâtre et Education. Actes du Colloque International de Mohammedia, du 10 au 12 novembre 1988*. Além de comunicações de autores estrangeiros sobre experiências teatrais em meios educacionais, uma atenção particular é dada aos esforços de criação de espetáculos infantis no Marrocos.

Nesse quadro de precariedade de diálogo e de pouco acesso à informação, profissionais em educação, especialmente formadores de docentes e responsáveis pela atividade cultural nas escolas superiores, tendem a perpetuar uma visão empobrecida do fenômeno teatral.

Entre os artistas que vêm dando respostas interessantes à questão da viabilidade do teatro marroquino, cabe citar alguns nomes: Al Tayeb, talvez o seu principal dramaturgo, autor de obras originais, inspiradas ao mesmo tempo em Shakespeare, Molière e em contos e lendas de tradição oral; Barsîd, um dos propulsores do chamado "teatro cerimonial", baseado na noção de festa, improvisação e diálogo com o público e Saddiki, ator, diretor e dramaturgo voltado para uma escrita teatral a partir do patrimônio árabe-muçulmano. Este último, provavelmente o homem de teatro de maior projeção no país, realizou espetáculos em praças e jardins públicos em diversas cidades, buscando a inscrição da atividade teatral na vida cotidiana. O percurso histórico tem mostrado que as experiências que se valem de tradições populares ricas e ainda vivas, sem por isso minimizar a importância do jogo do ator e da clareza de uma proposta de encenação, são as que se revelam mais férteis.

Resta lembrar que a própria noção de patrimônio cultural, longe de constituir um consenso ou um bloco homogêneo, aparece carregada de contradições, podendo justificar tanto as posições mais progressistas, quanto as mais conservadoras. Longe de constituir uma unanimidade, o patrimônio cultural se coloca inevitavelmente a serviço dos valores do projeto para o qual ele é convocado.

OS PROCEDIMENTOS

Nossa aventura teatral em Tetuán ocorreu junto a grupos de adultos em língua francesa e foi abrigada por instituições de ensino e de difusão cultural sediadas na cidade. Forjamos os procedimentos lúdicos empregados a partir de duas fontes: o jogo dramático e o jogo teatral.

A noção de *jeu dramatique* disseminada na França desde os anos trinta por Léon Chancerel entre outros, foi ampliada e largamente discutida no âmbito pedagógico por Richard Monod e Jean-Pierre Ryngaert ao longo da década de 1970. Hoje, ela se encontra bastante difundida, tanto no sistema educacional, onde a atuação conjunta de professores

24 ENTRE O MEDITERRÂNEO E O ATLÂNTICO, UMA AVENTURA TEATRAL

e atores dentro de sala de aula é reconhecida, quanto em práticas de ação cultural.

No que diz respeito ao jogo teatral, a terminologia tem sua origem em *theater game*, elemento básico de um sistema de improvisação teatral criado e progressivamente difundido por Viola Spolin nos Estados Unidos, a partir dos anos de 1960. Uma série de trabalhos acadêmicos e de interessantes experiências desenvolvidas em diferentes contextos brasileiros, da Amazônia ao Rio Grande do Sul, documentam a riqueza dos princípios subjacentes aos jogos teatrais e das aprendizagens por eles propiciadas.

Jogo dramático e jogo teatral constituem modalidades de improvisação cercadas por regras precisas. O jogador é convidado a formular e a responder a atos cênicos, mediante a construção física de uma ficção – espaço, gestualidade, dicção etc. – dentro de relações produzidas aqui e agora com seu parceiro, construção na qual também intervêm elementos aleatórios.

Cinco princípios comuns sintetizam as características essenciais de ambas as modalidades:

– Prescindem da noção de talento ou de qualquer pré-requisito anterior ao próprio ato de jogar;
– Na medida em que visam ao desenvolvimento da capacidade de jogo numa perspectiva de comunicação teatral, têm na platéia – interna ao próprio grupo de jogadores – um elemento essencial para a avaliação do crescimento dos participantes;
– Excluem a ilustração de histórias ou temas previamente eleitos, o que os associa ao questionamento do caráter imprescindível da fábula, característico do teatro da contemporaneidade;
– A partir de propostas estruturais, derivadas da linguagem teatral, possibilitam que desejos, temas, situações de jogo possam emergir do próprio grupo;
– Permitem que o grau de envolvimento do grupo no fazer teatral seja definido por ele próprio, em função de sua motivação e de suas possibilidades.

A noção de jogo teatral engloba as regras do jogo dramático e inclui duas outras, que consideramos altamente operacionais: o foco e a instrução. O foco diz respeito a um ponto particular – objeto, pessoa ou ação na área de jogo – sobre o qual o jogador é conduzido a fixar sua atenção. Ele constitui um ponto preciso que torna possível o movimento; graças a ele, a experiência teatral pode ser recortada em unidades facilmente apreensíveis. A instrução consiste em uma reiteração do foco por parte do coordenador, que o retoma oralmente durante o decurso do jogo, a cada vez que se faz necessário.

Formulamos nossas modalidades lúdicas a partir dos jogos teatrais. Em algumas circunstâncias, acrescentamos foco e instrução a propostas de jogo dramático oriundas da bibliografia francesa. Na medida em que foco e instrução estiveram, portanto, sempre presentes nos processos vividos, passamos a denominar genericamente de *jogos teatrais* os procedimentos lúdicos empregados.

RELAÇÕES ENTRE JOGO TEATRAL E TEXTO

Um ponto de partida fundamental foi o conhecimento dos autores contemporâneos que vêm se debruçando sobre a questão que nos mobilizou. Várias razões fizeram com que tivéssemos nos voltado com especial atenção para a bibliografia publicada em francês, atingindo também alguns títulos belgas e canadenses. Por um lado, a comunicação iria se dar nessa língua e os marroquinos teriam oportunidade de acesso a indicações bibliográficas no idioma. Por outro lado, tanto a relevância de que o campo da literatura desfruta na França, quanto os avanços recentes lá observados em termos da pedagogia teatral constituíam fortes argumentos a favor de um mergulho nas referências francesas.

O conhecimento do teor desses trabalhos poderá elucidar o leitor sobre a natureza de tais contribuições. Duas são as vertentes com as quais operamos: trajetórias que levam do texto ficcional ao jogo e trajetórias que conduzem do jogo ao texto.

Do Texto ao Jogo

Reunimos alguns marcos significativos em meio a encenações das últimas décadas do século XX oriundas de narrativas. Assim, dentro da paisagem francesa, além de Peter Brook, cabe mencionar um espetáculo específico de Antoine Vitez e a estética proposta pelo Théâtre de l'Aquarium.

Já em 1975 Vitez realizava *Catherine*, experiência radical de "teatro-narrativa" a partir de *Les cloches de Bâle*, de Aragon. Em vez do recurso comum da adaptação, no qual a fábula é vista como primordial, Vitez optou por uma leitura cênica mais ou menos dramatizada mediante improvisações dos leitores-atores. A prosa romanesca era mantida, integralmente, na terceira pessoa. Ao longo de quase duas horas, em torno de uma mesa na qual se comia e bebia, se revezavam os atores em vários papéis – com exceção daquele que fazia o personagem-título – enquanto enunciavam o texto do romance.

Desde os anos de 1980, por sua vez, o Théâtre de l'Aquarium vem experimentando diferentes modalidades de adaptação de textos não dramáticos para a cena. A companhia tem privilegiado, sobretudo, a literatura romanesca, ao mesmo tempo em que seus componentes refletem sistematicamente sobre as implicações dessa opção. Alguns dos

26 ENTRE O MEDITERRÂNEO E O ATLÂNTICO, UMA AVENTURA TEATRAL

títulos de seus espetáculos ilustram a natureza das fontes escolhidas: *Flaubert* em 1980, *Heloise et Abelard* em 1986, *La nuit, la télévision et la guerre du Golfe*, a partir de extratos de jornais televisivos sobre a guerra do Golfo, e *Marguerite et le président*, baseado em extratos de entrevistas entre Marguerite Duras e François Mitterand, ambos em 1992. A encenação, em 2003, de *Le square*, a partir de romance da mesma autora, por Didier Bézace, indica a fertilidade do projeto daquele grupo.

Em um breve e fecundo texto[16], Jean-Pierre Sarrazac analisa a presença do romance no teatro contemporâneo europeu. Para ele, essa fusão constitui uma possível resposta às inquietações do encenador que se confronta com uma nova constatação: parte daquilo que ele tem a comunicar ao público não pode mais passar pelo diálogo. Recorrendo a Diderot, o autor considera as próprias didascálias como resíduos de descrição, herdados da narração e do romanesco. Sarrazac destaca um "impulso rapsódico" vinculado a Homero e a todo aquele que tanto interpreta um personagem, quanto é narrador, impulso esse presente em autores dramáticos como Heiner Müller, Beckett, Koltès e Novarina.

Na década de 1980, o autor e a escrita ganham novo impulso no panorama teatral francês, o que se traduz por experimentações em torno de textos narrativos e pela multiplicação de oficinas de escrita dramática. Como não poderia deixar de ser, esse interesse aparece também nas práticas pedagógicas teatrais presentes na educação formal e não formal daquele país.

Dentre as publicações relativas a práticas teatrais em meio escolar, envolvendo textos não dramáticos, o artigo de Michel Cambien, "A la recherche problématique d'un répertoire"[17], salienta a relevância do discurso personalizado naquilo que ele denomina "repertório marginal". A manifestação de um ponto de vista não universalmente partilhado, tal como ocorre, por exemplo, nos romances epistolares, nas confissões ou nos diários, é por ele especialmente valorizada. As implicações da escolha de uma perspectiva narrativa são claramente equacionadas pelo autor, o que nos ajudou, por exemplo, a melhor apreender o interesse da adoção de um narrador na primeira pessoa em um romance marroquino compreendido no conjunto dos textos com o qual trabalhamos. Trata-se de *La nuit sacrée* (*A Noite Sagrada*) de Tahar Ben Jelloun, laureado com o Prix Goncourt, em 1987.

O ponto de vista do pesquisador canadense André Maréchal[18] contribuiu para a explicitação das opções tomadas em Tetuán. Segundo

---

16. "L'irruption du roman au théâtre", *Théâtres en Bretagne*, n. 99, pp. II-VII.
17. *Pratiques*, n. 74, pp. 65-76.
18. H. Beauchamp e F. Chaîné (coord.), *André Maréchal. Art Dramatique, Repères Pédagogiques*.

OS PONTOS DE PARTIDA 27

sua classificação dos modelos de base de uma abordagem lúdica do teatro, é a noção de "dramatização" que perpassa a orientação pedagógica por nós adotada, em oposição à perspectiva daquilo que ele nomeia "teatralização", ou seja, a ênfase na constituição de um espetáculo. Privilegiamos a emergência de uma ficção; mediante a proposta precisa e direta dos meios oferecidos pelo teatro, tais como texto, espaço, personagens, o que se tinha em vista era antes de mais nada a formulação de um discurso dramático pelo grupo de jogadores marroquinos. A eventualidade de sua comunicação a um público não envolvido com o processo, embora vista como possível, não constituía em si mesma uma meta.

Um dos aspectos que mais chama a atenção nas publicações analisadas é a relevância do recorte e da fragmentação na formulação de dispositivos de aprendizagem englobando textos, tanto dramáticos quanto de outra natureza. O procedimento da fragmentação, ou seja, da extração voluntária de trechos de uma obra, remete certamente à impossibilidade contemporânea de um olhar totalizante sobre um mundo no qual as certezas não mais parecem evidentes. Indício palpável dessa impossibilidade, a construção teatral por meio de fragmentos textuais traz para o primeiro plano o não acabamento, a descontinuidade, a elipse. Procedimentos de colagem e de cruzamento de diferentes textos em função de temas, autores ou estilos de escrita permitem a emergência de novos e enriquecedores significados. Anne Ubersfeld enfatiza as potencialidades da fragmentação quando preconiza "apoderar-se de fragmentos textuais, considerá-los como obras em si mesmos, fazê-los render através da reflexão, mas também por meio de construções imaginárias, tudo o que eles podem não conter, mas produzir"[19].

Jean-Pierre Ryngaert se vale da fragmentação do texto como o elemento norteador das reflexões que o têm conduzido à sistematização de uma das práticas mais bem articuladas na França atual. Centralizada na noção de jogo, ela vem renovando posturas estéticas em espetáculos acabados e no fazer teatral de grupos de "não-atores", como se convencionou chamar naquele país. Analista da desconstrução presente na dramaturgia contemporânea, Ryngaert lança pistas de trabalho transferíveis para textos não dramáticos[20].

O livro de Barret e Landier[21], síntese oportuna entre o jogo dramático e a expressão dramática, tal como é conhecida no Canadá, apresenta experimentações com recorte e colagem de contos, artigos e notícias de jornal, junto a um grupo de crianças em situação de oficina dentro do espaço escolar.

19. A. Ubersfeld, *Antoine Vitez*, p. 115.
20. *O Jogo Dramático no Meio Escolar* e *Jouer, représenter*, entre outras publicações.
21. G. Barret e J. C. Landier, *Expression dramatique et théâtre*.

28 ENTRE O MEDITERRÂNEO E O ATLÂNTICO, UMA AVENTURA TEATRAL

Michel Vinaver, um dos nomes mais relevantes da dramaturgia francesa das últimas décadas, valoriza o fragmento como um estimulante recurso de análise do texto teatral, chave que permite acesso à totalidade da obra. Um dos grandes méritos do fragmento está no fato de permitir o contato com o objeto artístico sem autoritarismo, sem a mediação de um cabedal de conhecimentos anteriores sobre o autor, a época, o movimento estético, freqüentemente considerado imprescindível para a abordagem de textos. Esse posicionamento levou Vinaver a coordenar a coleção *Répliques*, publicada em Paris pela Actes Sud, na qual textos teatrais são acompanhados por um dossiê contendo a análise de um fragmento e propostas de práticas a partir dele. Embora não digam respeito especialmente a textos narrativos, os trabalhos de Vinaver nos fornecem subsídios bastante esclarecedores.

No artigo "Petites formes ... grands enjeux!"[22], Jean Baune e Bernard Grosjean lançam as bases daquilo que chamam "modelo reduzido de espetáculo", uma abordagem abrangente do ato teatral, endereçada a pessoas de qualquer idade ou condição. Sua particularidade reside no fato de ser um procedimento de colagem de fragmentos de textos necessariamente não dramáticos. Um conjunto de fragmentos literários é constituído pelos participantes, reunidos em grupos. A partir daí elabora-se uma situação teatral cujo material textual vai consistir exclusivamente naquelas passagens. Sucessivas análises e propostas de transformação da platéia, formada por parcela dos próprios jogadores, contribuem para a fixação provisória de uma forma a ser apresentada diante de um público não envolvido no processo. O procedimento tem em vista, entre outros fatores, ultrapassar a pretensa dicotomia entre processo e produto: a interação com cada novo grupo de espectadores é considerada fonte privilegiada de aprendizagem.

O encaminhamento apontado por Baune e Grosjean abre uma perspectiva bastante interessante no que se refere à formulação lúdica do enredo. Trata-se de uma contribuição de especial relevo para os fins da nossa pesquisa, na medida em que possibilita a compreensão do peso relativo do texto e do jogo dentro da linguagem teatral, permitindo, assim, entre outras contribuições, que a redundância seja problematizada.

Ainda dentro da ótica da fragmentação, cabe ressaltar que as publicações apontadas de Ryngaert, Barret e Landier, Baune e Grosjean salientam a importância dos chamados jogos de apropriação textual em suas práticas. Eles possibilitam a apreensão gradativa do texto em termos lúdicos, anteriormente às improvisações teatrais propriamente ditas.

---

22. J. Baune e B. Grosjean, "Petites formes... grands enjeux!", *Cahiers Pédagogiques*, pp. 47-49.

OS PONTOS DE PARTIDA   29

Procede também de Jean-Pierre Sarrazac uma reflexão bastante original, conexa ao tema que nos interessa, a partir de sua atuação como pesquisador e como docente. Revelando um posicionamento sólido, Sarrazac[23] questiona a ideologia do espetacular geralmente subjacente à arte dramática, em prol da defesa de práticas experimentais visando a uma comunicação teatral que privilegie a escuta e a observação. Sua argumentação usa como referência básica o teatro épico brechtiano. A originalidade da prática por ele descrita está no ponto de chegada pretendido, que é o relato do contador de histórias. Partindo da leitura de textos literários, entrevistas ou artigos, o grupo realiza jogos teatrais que são paulatinamente transformados em "matéria contada" pelo contador, figura privilegiada em sua proposta.

Ao explicitar o interesse de sua opção estética, Sarrazac se detém em uma análise da figura do contador de histórias que nos diz respeito de perto. Embora esse narrador-ator esteja em vias de desaparição no cotidiano marroquino, nosso trabalho leva necessariamente a uma retomada de suas funções em novos moldes, visto que a relação entre o que é narrado e o que é agido constitui um de seus aspectos primordiais. Nossas propostas com narradores que intervêm no jogo, por exemplo, traduzem um desejo de conhecimento dos significados que a articulação entre o relato e a ação presente pode engendrar.

Cabe mencionar alguns dos tópicos desenvolvidos pelo autor. O contador é visto como produtor de uma narrativa oral teatralizada; ele cria entre si mesmo e os múltiplos personagens que traz à tona, uma relação de exterioridade, senão de estranheza. Seu papel é o de trazer ao público a palavra de um outro. O fato de ser uma testemunha que não se identifica com os personagens mostrados, no entanto, não o condena irremediavelmente a um estilo "neutro" ou "objetivo"; ele manifesta suas simpatias, faz comparações, tece conjecturas.

Os vínculos entre o contador e os personagens por ele referidos configuram, por si só, um tema que merece análise cuidadosa. O contador não persegue a ilusão da presença de um personagem, mas empresta seu corpo e sua voz a *palavras de ausentes*[24]. Diferentemente do ator, que revela o personagem agindo aqui-agora, o contador figura um ser fictício que vive no presente e no passado, pelo menos. Alternando as funções de ator e de narrador, o contador assegura uma forma mínima de apresentação teatral, esboçando personagens e situações, sendo que caberá ao público extrapolar os indícios apontados para chegar a uma totalidade. Segundo Sarrazac, quando estamos diante do contador, a noção de personagem é "pulverizada, vaporizada em uma

---

23. Verificar os capítulos 3, 6 e 7 do livro de F. Vanoye, J. Mouchon e J.-P. Sarrazac, *Pratiques de l'Oral*.
24. Idem, p. 58. Grifo do autor.

30 ENTRE O MEDITERRÂNEO E O ATLÂNTICO, UMA AVENTURA TEATRAL

poeira de detalhes gestuais, de expressões características, de comportamentos significativos"[25].

Essa exploração da materialidade do significante textual, bastante enfatizada nas encenações francesas contemporâneas, vem se apresentando, de fato, como tendência comum a uma série de práticas descritas pela bibliografia mais recente sobre as relações entre o teatro e a educação.

No que diz respeito ao Brasil, essa preocupação já aparecia em 1989 por ocasião da estadia do professor alemão Reiner Steinweg no Departamento de Artes Cênicas da Universidade de São Paulo, que nos fez conhecer uma série de jogos de apropriação de textos, tendo em vista o exercício das peças didáticas de Bertolt Brecht. Os princípios dessas modalidades lúdicas de apreensão do texto foram incorporados à nossa experimentação.

Importantes perspectivas no que tange à relação entre teatro e educação no Brasil, e especialmente no que concerne à visão pedagógica sobre a passagem do texto escrito ao texto cênico, foram abertas com os trabalhos da profa. Ingrid Koudela, a partir dos anos de 1970. Responsável então pela formação de professores de Artes Cênicas na Universidade de São Paulo, coube a ela a iniciativa de traduzir, em língua portuguesa, as publicações de Viola Spolin sobre o jogo teatral, hoje referência em todo o país. Entre as obras de sua autoria, destacamos especialmente aquelas com as quais nossa experimentação se vincula mais de perto: *Brecht: Um Jogo de Aprendizagem* e *Texto e Jogo*[26]. Essas publicações apresentam e discutem a relevância de processos estético-pedagógicos envolvendo a abordagem lúdica das peças didáticas de Bertolt Brecht.

Em "Teatro Contemporâneo e Narrativas", título de um número da revista *Percevejo* – publicado pela Universidade do Rio de Janeiro após a realização de nossa pesquisa –, encontram-se reunidas reflexões de diretores e pesquisadores teatrais acerca de realizações brasileiras das últimas décadas, nas quais a narrativa tem papel primordial. O tema se encontra vivo entre nós, o que pode ser observado por meio da variedade de encenações mais ou menos recentes a partir de textos dessa natureza.

Do Jogo ao Texto

A vertente de nossa atuação que concerne ao jogo teatral como vetor levando à escrita ficcional, teve como base a experiência francesa de abordagem pedagógica de processos de escrita, visto que no

---

25. Idem, p. 99.
26. Publicados pela editora Perspectiva respectivamente em 1991e 1996.

OS PONTOS DE PARTIDA 31

Brasil a bibliografia específica a respeito ainda se acha em fase de constituição.

As oficinas de escrita começam a se disseminar na França logo após o movimento de 1968. Desde então eles vêm enfatizando a expressão da subjetividade e a liberação da palavra em contextos de trocas interindividuais, nos quais o processo que leva à escrita é explicitado. O desenvolvimento recente de campos de investigação como a pragmática, que analisa os enunciados do ponto de vista de suas relações com as situações de enunciação[27], vem indiretamente contribuindo para o enriquecimento das práticas dinamizadas em tais oficinas.

Grande diversidade de objetivos, de práticas e de clientela as caracterizam. Desde o ensino básico até a universidade se desenvolvem projetos de oficinas de escrita que visam à formação, nas quais a intervenção de escritores, vista como indispensável, é sistematicamente financiada pelo poder público. Em termos da ação cultural, a relevância dessas iniciativas é bem conhecida. Aos autores acaba sendo atribuída uma missão de caráter social, na medida em que grupos desfavorecidos são especialmente visados. Os assim chamados "públicos em dificuldade", beneficiados com processos de desenvolvimento da escrita cobrem desde desempregados, refugiados e presidiários, até psicóticos.

Provavelmente, o fator que melhor caracteriza o funcionamento de um *atelier d'écriture* seja a reunião de várias pessoas que tomam conhecimento dos textos escritos uns pelos outros. O foco é ampliado do texto à pessoa e o modo de comunicar o texto produzido passa a ser objeto de atenção.

Dentro da vasta bibliografia hoje disponível naquele país, boa parte se vale de procedimentos lúdicos de variados tipos como ponto de partida para a redação de contos, novelas, poesias e assim por diante. É o caso, por exemplo, de jogos de palavras, de jogos envolvendo a livre-associação, do desenvolvimento do imaginário ou da linguagem oral, ativados para deslanchar o processo. Como a trajetória particular que pretendíamos traçar toma suas raízes no jogo teatral e conduz ao texto de ficção – não necessariamente teatral – nossa atenção se voltou sobretudo para uma modalidade específica de oficinas, aquelas coordenadas por autores envolvidos com a cena. Dentro desse último grupo de publicações encontramos as contribuições que melhor respondiam às nossas necessidades.

O livro de Richard Monod, *Les textes de théâtre*, lançou marcos importantes, mais tarde desdobrados em práticas inovadoras dentro do sistema educacional francês. Já nos anos de 1960, aquele autor trabalhava no sentido de desenvolver a escrita de diferentes modalidades de textos literários – conto, poesia, diário, notícia, correspondência – a

27. C. Boniface, *Les ateliers d'écriture*.

32 ENTRE O MEDITERRÂNEO E O ATLÂNTICO, UMA AVENTURA TEATRAL

partir de jogos dramáticos efetuados por grupos nas mais variadas condições.

Leitura obrigatória é o dossiê "Ateliers d'écriture dramatique", publicado pela revista *Théâtre/Public*[28], sob a coordenação de Daniel Lemahieu. Além dele mesmo, Michel Vinaver e, ainda uma vez, Jean-Pierre Sarrazac, todos dramaturgos, descrevem e analisam sua atuação em experimentos de escrita dramática vinculados à dimensão lúdica. O empenho desses criadores por um encaminhamento de caráter pedagógico que permita colocar os recursos da escrita dramática a serviço da expressão de todos os interessados, abre uma promissora via de mão dupla entre eles e o público. Um de seus maiores méritos é o de ventilar o debate sobre o processo criativo na linguagem escrita, um domínio tido como estritamente individual.

Em *A. K. une école de la création théâtrale*, Alain Knapp apresenta propostas de exercícios nas quais a noção de ação é a mola propulsora para a escrita de textos, dramáticos ou não. Quando trata particularmente da escrita dramática, Knapp sugere uma série de procedimentos úteis no sentido de evitar o delicado problema da redundância entre diálogo e ação. Entre eles salientam-se a inserção de fragmentos, a colagem e o sorteio de lugares, de objetos ou de réplicas como fonte de elaboração ficcional.

Cabe salientar que o acaso e as combinações aleatórias – entre lugar e personagem, por exemplo – costumam ser peculiarmente valorizadas no contexto francês, na medida em que são considerados como fonte de uma matéria-prima não convencional, considerada como instigante para a escrita.

Embora inúmeras variações sejam possíveis, a estrutura básica de uma oficina de escrita costuma partir de um indutor, ou seja, de uma experiência provocadora inicial: palavra, situação, imagem, ou outra qualquer. Em seguida, passa-se à proposição de uma situação de escrita e de um tempo previsto para tal. A finalização ocorre com a leitura dos textos e com a interação sistematizada entre os participantes em torno da sua produção.

---

28. D. Lemahieu, "Ateliers d'écriture dramatique", *Théâtre/Public*, n. 99, pp. 22-58.

2. Os Itinerários

Antes de iniciar a expérimentação em torno do nosso tema, tivemos ocasião de visitar escolas fundamentais na cidade e na região, visando a uma familiarização inicial com o sistema educacional marroquino, dado que uma das oficinas teatrais a serem realizadas, a da Ecole Normale Supérieure (Escola Normal Superior), se propunha à formação de docentes.

No âmbito dessas visitas, o Centre de Documentation Pédagogique de Larache (Centro de Documentação Pedagógica de Larache), cidade próxima a Tetuán, solicitou um encontro nosso com um grupo de crianças, para a realização de atividades dramáticas. Ocorreu, então, uma espécie de intervenção-piloto com um grupo de vinte alunos de dez anos de idade em média, de ambos os sexos. As situações de jogo propriamente ditas, assim como as conversas subseqüentes com um bibliotecário e um professor em formação, que haviam acompanhado o encontro, confirmaram observações que já começavam a se delinear. O autoritarismo reinante na sociedade local apareceu nitidamente, em diferentes níveis. No plano do imaginário, as representações trazidas à tona pela ficção dramática diziam respeito a situações familiares marcadas por brutalidade, com figuras paternas particularmente violentas, dicotômicas em relação à figura da mãe, invariavelmente afetuosa e devotada. No plano do funcionamento institucional, atitudes tão somente repressivas caracterizavam a conduta dos profissionais em atuação. Embora essa tenha sido uma experiência isolada, muito contribuiu para a nossa compreensão de algumas das dificuldades das crianças marroquinas, sobretudo no âmbito das relações com os adultos.

34 ENTRE O MEDITERRÂNEO E O ATLÂNTICO, UMA AVENTURA TEATRAL

As oficinas dentro das quais tentamos responder às nossas interrogações foram realizadas, portanto, em língua francesa e em três instituições: o Institut National des Beaux Arts (INBA), o Institut Français (IF) e a Ecole Normale Supérieure (ENS). Nosso desempenho se deu através dos princípios da pesquisa-ação; pesquisadora e pessoas implicadas na situação investigada atuaram de modo cooperativo, mediante um dispositivo dialógico, de modo a que o envolvimento dos participantes se transformasse em fonte de aprendizagem. O que se pretendia é que a experiência da oficina transformasse as representações sobre o fazer teatral entre as pessoas envolvidas. Em todas as situações de oficina os encontros foram documentados com depoimentos, protocolos de pesquisa, fotografias, e, no caso do Institut Français e da Ecole Normale Supérieure, também com registro em vídeo.

Todas as intervenções têm em comum o fato de terem abordado trajetórias conduzindo do texto ao jogo, embora essas trajetórias tenham tido uma proeminência diferenciada dentro de cada processo grupal. Uma dessas oficinas, a do Institut Français, aliou aos procedimentos que levavam do texto ao jogo, modalidades lúdicas que conduziram à redação de textos.

Comunicar ao leitor o clima de trabalho e as conquistas de oficinas teatrais constitui em si mesmo operação delicada. O caráter global da atividade lúdica, trama singular de dimensões sensoriais, aspectos cognitivos e forte envolvimento afetivo, faz com que qualquer que seja o recorte efetuado tendo em vista a sua descrição, ele inevitavelmente corresponderá a uma visão não exaustiva dos processos ocorridos. Isso naturalmente sem mencionar as sensações mais ou menos conscientes, ligadas sobretudo ao prazer corporal de quem se dispôs à experimentação, que permanecem com freqüência num plano invisível, não explicitado por meio da linguagem.

> Não são coisas que se possam quantificar, colocar num cesto e dizer "aí está, tudo o que eu aprendi"; pelo contrário, são coisas que acontecem no interior da gente mesmo, sem que se possa dissecá-las; não se pode vê-las a olho nu, mas se sabe que elas estão lá. No meu caso se trata de um questionamento de muitas das minhas formas de agir e de pensar. (N. A., ENS)[1]

O desafio que se coloca é o de trazer o leitor para o âmago da situação pedagógica, de modo que ele possa acompanhar o processo partindo de enquadramentos variados, distintos do relato dia por dia, aqui não pertinente.

---

1. As indicações que se sucedem aos depoimentos e narrativas criadas a partir dos jogos teatrais, neste e nos próximos capítulos, referem-se às iniciais de seu autor, membro de uma das oficinas, e à instituição em que ela ocorreu. O fato de serem mencionadas apenas as iniciais dos nomes próprios deve-se a acordo com os participantes, ainda durante o desenrolar da oficina.

DESEJO E REJEIÇÃO: O INSTITUTO NACIONAL DE BELAS ARTES

Antiga escola secundária, o INBA constitui a única instituição marroquina voltada para o ensino das artes plásticas em nível superior. É dentro desse novo estatuto que seu currículo, ainda experimental, vem se abrindo para áreas como a arquitetura, a literatura e a música, na perspectiva de uma formação profissional conectada com uma visão contemporânea de arte. Esse projeto, no entanto, é contestado por docentes identificados com conceitos acadêmicos de pintura, o que não raramente origina problemas institucionais de considerável porte.

A oficina do INBA foi a única entre as três propostas que respondeu a uma demanda relativamente precisa em termos de teatro, demanda esta formulada pelo diretor do estabelecimento. Partiu dele a constatação de que os alunos apresentavam muitas inibições, manifestas sobretudo corporalmente e de que suas possibilidades de expressão mediante o movimento nunca haviam sido incentivadas. Tal diagnóstico acarretou uma boa receptividade à nossa proposta de intervenção, pois ela vinha responder a uma necessidade já detectada. Surpreendentemente, o discurso do responsável pelo Instituto revelava visão clara dos objetivos de uma abordagem pedagógica do teatro. Suas expectativas não giravam em torno de um trabalho sobre as relações entre o teatro e as artes plásticas, como se poderia supor à primeira vista, mas diziam respeito a uma experiência teatral que tivesse sentido em si mesma, que evidenciasse o corpo como recurso expressivo e que contribuísse para a ampliação da percepção sensorial de quem a vivesse.

Assim, entre as aspirações da instituição e nossas metas, foi possível construir um terreno de interseção dos mais estimulantes. Nosso objetivo, portanto, passou a ser o de desenvolver a capacidade de jogo dos estudantes, graças a propostas em que, num primeiro momento, os temas e situações de jogo emergiriam do próprio grupo e, posteriormente, seriam conectados a abordagens textuais.

Duas oficinas se sucederam no INBA. A primeira delas foi composta de onze encontros de quatro horas cada, de fevereiro a junho de 1995, com dezesseis participantes, sendo dez moças e seis rapazes, com idade compreendida entre 21 e 24 (ver foto 1). Dada a recepção entusiasta que recebeu a proposta, atendemos à solicitação de abertura de outra oficina, dedicada desta vez à turma de alunos ingressantes no ano letivo seguinte. Essa segunda oficina compreendeu o mesmo número de encontros com a mesma duração, entre novembro de 1995 e março de 1996. Em sua fase final, reunia sete rapazes e duas moças, cuja idade oscilava entre 21 e 25 anos.

A percepção de um participante é eloqüente:

Lembro do nosso primeiro encontro, e foi ontem.
Entrar! Depois a idéia de formar um círculo e sentar no chão.

Foto 1: Início de encontro.

Sentíamos-nos marinheiros à beira do mar ou tuaregs no deserto,
A presença de cada objeto seria inútil, fosse ele vermelho ou verde;
Tudo isso me parecia estranho; seria uma nova diplomacia?
Espere!... Mas claro, agora eu entendi!
Para todos nós, nada de pintura ou de serrote
Nem mesmo folha, nem suporte para escrever.
Todos os olhares se encontraram e nós estouramos de rir!

(S. E., INBA, grupo 2)

O percurso percorrido em ambas as oficinas pode ser sintetizado em dois momentos sucessivos. No primeiro estiveram presentes a noção de foco, jogos silenciosos visando à percepção sensorial, à comunicação não verbal (ver foto 2) e à noção de ação teatral, coração da própria natureza do teatro. Paralelamente, efetuamos seqüência de jogos teatrais em torno do espaço e do personagem, envolvendo também a fala (ver foto 3). Em um segundo momento, realizamos diferentes modalidades de jogos a partir de textos: procedimentos em torno de provérbios e de "recorte e colagem".

Senti que meu corpo existe. (J. L., INBA, grupo1)

Aprendi a aceitar o olhar do outro, a liberar meu corpo e a permitir que ele se exprima sem vergonha e sem complexos. É maravilhoso experimentar todos os sentimentos humanos sem vivê-los na realidade, é fazer uma prospecção mais profunda no interior de si mesmo. (A. H., INBA, grupo 2)

Foto 2: Deslocando móvel.

Foto 3: Toureiro assustado.

38 ENTRE O MEDITERRÂNEO E O ATLÂNTICO, UMA AVENTURA TEATRAL

Entretanto, o fato de apontarmos uma seqüência semelhante de modalidades lúdicas dentro da dinâmica dos dois grupos do INBA, não exclui diferenças significativas entre eles.

Uma progressão contínua caracterizou os avanços na capacidade lúdica do primeiro grupo. No início do processo, a atmosfera era de uma certa surpresa em relação à prática. No encerramento de cada encontro, quando os participantes eram convidados a se manifestar sobre as atividades realizadas naquele dia, as frases tendiam a ser curtas e evasivas. Decodificar esse silêncio exigiu cautela e paciência. Em determinada ocasião, uma das estudantes, de maneira delicada, tentou explicitar a razão que, a seus olhos, estava na raiz da dificuldade:

Alá não gosta que a gente fale muito na primeira pessoa; dizer "eu", "eu" não é recomendável. (J. L., INBA, grupo 1)

Pouco a pouco, no entanto, relações de confiança foram se estabelecendo e, à medida em que os desafios do processo iam ficando claros, refletir sobre ele em voz alta passou a se configurar como procedimento cotidiano. Do ponto de vista dos estudantes foi possível perceber que assumir posições em relação à experiência teatral vivida não era incompatível com uma determinada atitude de reserva preconizada pelo Islã.

A oficina foi encerrada em clima de festa, com uma "aula aberta", na qual o grupo se dispôs a jogar diante de uma platéia mais ampla do que a habitual, composta por professores e visitantes de uma exposição de trabalhos na própria escola. A modalidade escolhida por eles foi o jogo teatral a partir de provérbio sorteado no momento.

Participamos todos num mesmo conjunto; nas outras matérias, é cada um por si. (Y. R., INBA, grupo 1)

Se a obrigatoriedade da oficina de jogos teatrais foi recebida com visível satisfação pelo primeiro grupo, ela não foi aceita pela totalidade do segundo. O fato de os membros desse último grupo não chegarem a verbalizar suas restrições, não escamoteava a resistência surda de muitos dos seus componentes. A razão de tais problemas deve ser procurada mais além dos flagrantes problemas lingüísticos; a dificuldade real provinha da raridade da confrontação e do debate, tanto na instituição escolar, quanto na sociedade marroquina como um todo. Situações como aquela, em que o acordo coletivo é a mola mestra do aprendizado, eram desconhecidas para a grande maioria dos jovens. A relutância diante dos desafios da oficina se evidenciava por meio de ausências, de marcantes dificuldades de concentração e de escuta do outro, dentro e fora do jogo.

O caráter da oficina foi então transformado; de obrigatória, ela passou a ser facultativa. Dos vinte alunos iniciais, nove permaneceram até o final, constituindo um grupo altamente motivado e coeso.

OS ITINERÁRIOS

Houve mal-entendidos entre os estudantes. Alguns reclamaram. Felizmente um grupo de nove estudantes reagiu positivamente e compreendeu a necessidade e a compatibilidade desta oficina com as outras disciplinas. (T. B., INBA, grupo 2)

Por um lado, o episódio demonstra a inocuidade da imposição do lúdico. Por outro, ele ilustra um caso raro de conflito entre interesses institucionais reveladores de uma posição de abertura em relação à aprendizagem artística, e a não adesão de parte do corpo discente, menos disponível a uma experiência inédita.

Quando os componentes desse grupo se referem ao processo vivido em sua totalidade, a idéia de desinibição e de autoconfiança é recorrente.

Poder improvisar é o melhor meio para vencer a timidez, especialmente no momento em que a visão dos outros jogadores ou do público nos tem como alvo; é, portanto, um fator primordial para nossa carreira, que não se pode negligenciar. (T. B., IBNA, grupo 2)

A oficina de teatro tem para mim um grande mérito, pois aprendi a ter confiança em mim mesmo. A confrontação com as pessoas é a coisa mais importante para um futuro artista. (B. A., IBNA, grupo 2)

Semanas após a conclusão da oficina, os estudantes do primeiro grupo realizaram uma instalação na qual um carrinho de bebê, escondendo um equipamento de projeção, era manipulado pelo público. Ele deslizava sobre uma enorme tela abstrata pintada coletivamente, projetando suas imagens no teto, em enquadramentos que dependiam dessa manipulação. Ao discorrerem sobre essa obra, seus autores salientaram que do aprendizado na oficina de jogos teatrais provinham duas noções essenciais ali presentes: uma platéia ludicamente envolvida e o engendramento de um produto único por meio da contribuição coletiva.

FICÇÃO EM DOSE DUPLA: O INSTITUTO FRANCÊS

Voltado para o ensino da língua e para a difusão da cultura francesa, o Instituto é a única fonte de manifestações cênicas regulares na cidade. Ele apresenta mensalmente um espetáculo teatral daquele país ou do próprio Marrocos, além de, esporadicamente, promover encenações realizadas por seus alunos e professores.

A abertura do Instituto em relação a modalidades inovadoras de trabalho artístico permitiu que propuséssemos uma experimentação aliando escrita e teatro. Pretendíamos desenvolver a capacidade de jogo das pessoas interessadas, de modo a formular caminhos que levassem da improvisação teatral à escrita. Nosso propósito era o estabelecimento de uma trajetória que conduzisse de um tipo de ficção (teatral) a outro (literária).

Visto que ao longo do processo lúdico emprestaríamos as noções

40 ENTRE O MEDITERRÂNEO E O ATLÂNTICO, UMA AVENTURA TEATRAL

de foco e de instrução, específicas do jogo teatral, a rigor, este último seria o termo conveniente para constar no título da oficina. Na medida, porém, em que a noção de "jogo dramático", e os princípios envolvidos na sua prática, já eram relativamente conhecidos pelos freqüentadores do Instituto, optamos por adotá-lo, uma vez que permitiria mais facilmente a distinção entre uma perspectiva tradicional de teatro – ensaios, texto decorado e assim por diante – e a ótica das relações entre teatro e educação, nosso terreno visado. No decorrer dos encontros, essa sutileza terminológica, cuja pertinência é de caráter, antes de mais nada, acadêmico, foi discutida junto aos participantes.

A experimentação foi conduzida no Instituto Francês em parceria com Elie Bajard, formador de professores de francês. A esse respeito, cabe mencionar que a própria coordenação conjunta de uma oficina já em si mesma constitui matéria para reflexão. Em nosso caso, a coordenação dos encontros era organizada de tal modo que ambas as competências que procurávamos colocar em relação, a de jogo e a de escrita, eram sempre trabalhadas simultaneamente pelos dois responsáveis. Essa mobilização dos coordenadores, no sentido de que cada um esteja disponível para mergulhar no terreno do outro, parece-nos condição indispensável para o estabelecimento de uma verdadeira condução a dois.

Muitas são, a nosso ver, as vantagens da coordenação a quatro mãos. Podemos citar algumas delas:

– Ao presenciar o desempenho do parceiro, cada um dos responsáveis adquire condições de comentar sua atuação, assim como se conscientiza dos aspectos pessoais de sua própria maneira de proceder, tais como proporção entre o uso da palavra e o tempo de jogo, precisão das instruções, altura da voz empregada e assim por diante;
– A alternância da função faz com que aquele que provisoriamente não está coordenando possa, mais à vontade, observar o desempenho do grupo, documentar o encontro, visualmente ou por escrito;
– Essa mesma alternância possibilita eventualmente a um dos parceiros entrar no jogo com o grupo, o que constitui, em muitos casos, um acontecimento tão pouco freqüente, quanto desejado.

Quinze encontros de duas horas e meia, entre outubro de 1995 e março de 1996, constituíram o campo da oficina. Sua clientela de dezesseis participantes, sendo onze do sexo feminino e cinco do sexo masculino, com idades que variavam entre vinte e quarenta e dois anos, era formada por estudantes e professores de língua francesa, marcados por uma escolaridade mais ou menos geradora de traumatismos no âmbito da escrita. Três desses docentes estavam também em formação na Escola Normal Superior e participavam igualmente da oficina "do texto ao jogo", por nós oferecida naquele estabelecimento.

OS ITINERÁRIOS 41

Do ponto de vista dos docentes, o ato de escrever em francês – segunda língua não apenas deles, mas de todos os participantes –, mais do que qualquer dimensão de satisfação pessoal, trazia em seu bojo um sentido de necessidade. No caso dos professores, a contradição era flagrante: como suscitar nos jovens alunos a capacidade de comunicação pela escrita ficcional naquela língua se eles viam a si mesmos como insuficientemente habilitados a fazê-lo?

As próprias características da instituição, no entanto – uma espécie de ilha de cultura francesa em meio à cidade –, possibilitaram a mobilização das pessoas motivadas, visando a alterar tal estado de coisas. Um interesse cultural nem sempre precisamente formulado, o desejo de "se movimentar", a busca de autoconhecimento, a intenção de romper com um cotidiano fastidioso ou de participar de uma atividade envolvendo o encontro com o outro, foram alguns dos vetores que levaram jovens e menos jovens a participar do processo.

sair de uma monotonia na qual se pode cair por falta de atividade; poder expressar coisas que muitas vezes guardamos escondidas bem no fundo de nós mesmos. (K. L., IF)

Eu procurava ao mesmo tempo viver uma situação de prazer, sair da monotonia e descobrir pistas para saber explorar a energia dos jovens no jogo e sua imaginação na escrita. (M. J., IF)

No que tange o teor da dimensão teatral da oficina, procuramos promover um escalonamento das etapas. A partir da noção de foco, enfatizamos a consciência sensorial – particularmente a visão – e a comunicação por meio de ritmos, gestos, imagens e objetos imaginários. Exploramos a ação teatral ao longo de todo o percurso; enfocamos a relação entre o espaço real e o lugar fictício e criamos esboços de personagens. No decorrer do capítulo "Do Jogo ao Texto: Dois Dispositivos Ficcionais" detalharemos os vínculos entre os jogos e os textos criados.

A oficina realizada no Instituto Francês ganhou uma envergadura especial no conjunto da investigação, pois acabou indo além dos procedimentos previstos e incluindo outros.

O desejo de comunicar os textos de ficção escritos pelos membros da oficina a uma platéia mais ampla, não envolvida no processo, conduziu a uma apresentação pública daquela produção. Atendendo à demanda dos participantes, ela se revestiu de um caráter teatral. Esse trânsito entre a ficção escrita e a sua transmissão teatral para um público desconhecido, significou, concretamente, uma experimentação que, de modo imprevisto, acabou incorporando trajetórias do texto ao jogo, que serão apresentadas nos próximos capítulos. O processo como um todo se traduziu, portanto, por um caminho que levou do jogo ao texto e deste último a um novo jogo, tornado público.

Um grande entusiasmo e um senso de responsabilidade surpreendente foram a marca do grupo. Durante o mês de Ramadã, no qual se

42 ENTRE O MEDITERRÂNEO E O ATLÂNTICO, UMA AVENTURA TEATRAL

quebra o jejum diário apenas quando anoitece – ocasião de lautos jantares familiares – as sessões poderiam ter sido interrompidas, mas foram transferidas para o horário noturno por iniciativa dos próprios componentes.

Algumas avaliações dão conta de um sentimento de satisfação pessoal:

> Entre os benefícios da oficina, está o de ter aumentado a confiança em mim mesmo e em minhas capacidades artísticas. (K. B., IF)

> Na oficina pudemos salvar algumas pequenas horas de nossa existência, que vivemos com muita alegria, porque as vivemos de modo integral. (M. O., IF)

De modo mais flagrante do que no Instituto Nacional de Belas Artes, os aspectos mais precisamente teatrais da experiência são enfatizados:

> As improvisações que criamos eram impressionantes, porque nenhum de nós se sentia a priori capaz de inventar tal ou tal situação. (F. A., IF)

> Este é um dos ensinamentos mais fortes da oficina: conhecimento pelo gesto, pelo olhar e pela expressão sem palavras... Eu não imaginava essa evolução espetacular (e o termo é bem apropriado) da coesão e da integração do grupo: uma expressão cada vez mais franca, espontânea, na origem de um trabalho construtivo. (J. D., IF)

As manifestações dos participantes dizem respeito mais freqüentemente à vertente do jogo do que à da escrita. A despeito das interessantes soluções encontradas para os desafios de escrita propostos, apesar da seriedade com a qual faziam face à redação, ao efetuarem o inventário da experiência é o prazer dos corpos se manifestando ludicamente que aparece em primeiro plano. O agir *como se* carregava em si mesmo uma tal carga de transgressão – permitida e amparada por regras – que ocasionou visível impacto nos participantes. O comentário que se segue é um dos raros casos em que o ato de escrever tem primazia:

> Eu disse para mim mesma: "eu tenho algum mérito na escrita". Nunca havia escrito textos de ficção, mas acredito que vou começar agora. A oficina me permitiu rever minha relação com a expressão escrita. (N. A., IF)

AMBIVALÊNCIAS E CONTRADIÇÕES: A ESCOLA NORMAL SUPERIOR

Poder-se-ia afirmar que algumas das contradições presentes na Escola Normal Superior refletem, em pequena escala, os dilemas vividos pelo país como um todo.

Destinada especialmente à formação de professores do ensino médio, ela tem currículos e programas nitidamente calcados no modelo francês, país com o qual a instituição mantém estreita colaboração. Seus alunos realizam estágios de formação em instituições francesas, e a ENS organiza regularmente seminários com professores especialmente convidados, provenientes daquele país.

A presença de um número considerável de muçulmanos fundamentalistas dentro do corpo discente, no entanto, provoca uma série de tensões e desequilíbrios institucionais, dado que, na perspectiva de fornecer uma compreensão do mundo, são oferecidos, paralelamente, modelos originados tanto na ciência quanto na religião. Por um lado, se louva Voltaire e o Século das Luzes e se estuda elementos de psicanálise. Por outro, radicais do Alcorão ditam palavras de ordem contra o álcool, a música, a dança e todas as manifestações da pulsão lúdica.

Embora numericamente inferiores, o poder de pressão desses últimos é intenso, a ponto, por exemplo, de terem exigido naquele momento, de um professor de literatura, que excluísse de seu programa um consagrado romance marroquino escrito nos anos de 1950, *Le passé simple*, de Drïss Chraïbi. Aos olhos dos estudantes fundamentalistas, essa reivindicação de uma censura a ser aplicada a todos os alunos se justificaria em função do erotismo de determinadas passagens da obra.

As Etapas do Processo

Nesse terreno minado, uma minuciosa fase de apresentação e divulgação antecedeu o início da oficina propriamente dita. Uma vez anunciados os objetivos aos quais nos propúnhamos, e a modalidade da intervenção a ser realizada, formou-se um grupo de dezenove estudantes interessados: treze homens e seis mulheres entre 27 e 41 anos, com idade média de 34 anos. Todos eles tinham em comum uma experiência de, no mínimo, dois anos de ensino de francês na educação fundamental, e o fato de estarem concluindo a escolaridade de dois anos na ENS, que os habilitaria a lecionar no ensino médio. Apenas uma parcela do grupo havia passado pela universidade.

Até aquele momento, os dezenove estudantes tinham tido contatos rarefeitos com o teatro. Muitos conheciam certas obras da literatura dramática francesa do século XVII e XVIII. Alguns tinham iniciado, sem maior entusiasmo, a leitura das análises semiológicas da representação teatral elaboradas por Anne Ubersfeld e a esmagadora maioria não costumava assistir aos espetáculos apresentados mensalmente na cidade pelo Institut Français.

Os objetivos da oficina haviam sido cuidadosamente explicitados: experimentação de jogos teatrais com textos narrativos de autores árabes, escritos ou traduzidos em língua francesa e, de modo complementar, o estabelecimento de uma reflexão sobre a transferência do conhecimento adquirido durante o processo para o ensino médio, futura área de atuação dos interessados.

44 ENTRE O MEDITERRÂNEO E O ATLÂNTICO, UMA AVENTURA TEATRAL

Entre os vários dispositivos montados para nossa pesquisa, a oficina oferecida na ENS – vinte encontros de quatro horas, entre outubro de 1995 e abril de 1996 – foi a que mais nos permitiu avançar na experimentação. O principal fator que explica o alto grau de produtividade dos encontros é, sem dúvida, a motivação precisa do grupo de jogadores.

> Nós aguardamos o dia da oficina com impaciência. É o único momento da semana em que fazemos o que queremos e não o que devemos. (M. J., ENS)

Os membros do grupo aliavam o domínio da língua francesa a uma constante problematização do ensino da língua e da literatura, inerente ao papel do professor. A convivência com alunos e professores da Escola mostrou que a formação lá oferecida adiciona um pesado instrumental lingüístico e de análise do discurso a uma abordagem literária restrita aos séculos XVII-XIX. Consciente dos desafios contidos no ensino da literatura, o grupo se dispôs prontamente, e com grande entusiasmo, à aventura da experimentação. Na medida em que conheciam os problemas do sistema educacional marroquino, graças a uma experiência de anos de sala de aula, os componentes da oficina puderam rapidamente apreciar o interesse de uma prática teatral que resiste à normatividade habitual da escola. Sabedores de que sua futura atividade profissional teria na literatura uma vertente de suma importância, os membros da oficina vislumbraram de imediato pistas de atuação derivadas de uma prática pedagógica ancorada na presença do corpo e na capacidade de jogo.

Logo no primeiro encontro foi possível ouvir:

> A proposta de jogo libera o espírito e o corpo vai junto... (M. T., ENS)

> Percebi como não estou à vontade no meu corpo. (N. A., ENS)

No que se refere à documentação dos encontros, a diversificação dos registros foi um recurso de grande interesse.

O registro em vídeo foi feito sistemática e discretamente pelo profissional da instituição. Trabalhando ao ritmo dos jogos, sem qualquer antecipação sobre o que iria documentar, ele se integrou ao grupo de modo particularmente feliz. Sua atuação revelava seu grau de compreensão daquilo que estava em jogo em nossa prática. Nos encontros periódicos que realizamos para visualizar as gravações, avançamos na análise dos jogos teatrais efetuados e tivemos ocasião de refletir sistematicamente sobre o interesse do vídeo em nosso processo de aprendizagem.

A adoção da sistemática do protocolo de pesquisa se revelou extremamente útil. Se em português *protocolo* está associado à noção de registro de atos oficiais, o termo também designa, em nossa língua, a

OS ITINERÁRIOS

45

tradução de uma prática introduzida por Brecht, tendo em vista sistematizar processos de reflexão em torno das suas peças didáticas[2].

A cada encontro, um ou dois estudantes se encarregavam de escrever um texto relativo à aprendizagem em curso, a ser colocado em discussão com a turma no encontro subseqüente. A reflexão escrita sobre cada passo do processo, partilhada depois pelo grupo, faz dessa prática um potente vetor de investigação. Ao longo do percurso, os participantes aprenderam que muito mais do que um relatório, o protocolo é um instrumento interno de reflexão coletiva. Passagens de protocolos presentes ao longo destas páginas ilustram bem esse aprendizado.

A experimentação lúdica de textos narrativos foi antecedida por uma série de jogos envolvendo os elementos básicos da linguagem teatral. O estabelecimento do foco de jogo foi o ponto de partida sólido que acompanhou o grupo em todo o seu percurso.

> Na proposição de jogo feita pelo coordenador, o foco está sempre presente; ela deve ser precisa, clara e aberta. Ela deve deixar uma margem de liberdade ao jogador durante a improvisação e, ao mesmo tempo, garantir um certo rigor na resolução da dificuldade com a qual ele se defronta. (A. C. e D. D., ENS)

A comunicação não verbal foi focalizada por meio de jogos teatrais envolvendo ritmos, objetos reais e imaginários, jogos de espelho, estátuas e imagens fixas.

Dentre as atividades lúdicas voltadas para a intensificação da consciência sensorial, aquelas que focalizavam o olhar marcaram especialmente os participantes. Apesar de a cultura árabe sempre ter enfatizado a força do olhar, observamos que as dificuldades vividas pelo grupo eram similares àquelas que se verificam em outros meios.

> Olhar os parceiros é a instrução básica que garante esse estado de osmose entre os jogadores na área de jogo. Quando perco de vista os outros jogadores, o jogo me escapa completamente. A experiência lúdica me levou assim a reeducar meu olhar na tentativa de recuperar essa forma primitiva de comunicação, desnaturada pelo tempo. (F. Z., ENS)

> Sempre pensei que fosse uma das raras pessoas que não ousa olhar os outros nos olhos. Em nossa oficina, aprendi não somente que esse incômodo era generalizado no grupo, mas também a maneira de superá-lo graças ao foco, termo chave do jogo. (H. S., ENS)

O conceito de ação teatral, em razão de sua relevância, mereceu destaque particular. Uma das formas de trabalhá-lo foi por meio de jogo no qual cada participante entrava na área lúdica e realizava uma ação que seria complementada por outra ação proposta pelo participante seguinte. Uma dessas rodadas resultou num momento forte para

---

2. Para mais detalhes, ver o artigo de Ingrid Koudela, "Um Protocolo dos Protocolos", *Revista da Fundarte*, n. 1, pp. 9-11.

46 ENTRE O MEDITERRÂNEO E O ATLÂNTICO, UMA AVENTURA TEATRAL

o grupo: a cena de um parto foi vivida intensamente por três jogadores homens (ver foto 4). Os próprios estudantes explicitaram como ela fazia emergir, de modo revelador, uma fascinação com a noção de feminilidade, surpreendente para eles mesmos.

Outro aspecto tratado foi a transformação de espaços reais, exteriores à nossa sala habitual, em lugares fictícios. Essa metamorfose leva à aprendizagem de que os signos ligados ao espaço determinam uma carga de significação dentro do jogo. Ao senso comum do espaço percebido apenas como pano de fundo, substitui-se o reconhecimento do espaço como elemento estruturador de significados. Igualmente importante é o fato de que essa metamorfose inevitavelmente acarreta diversificações nas modalidades de relação entre jogadores e público. Assim, um poço em meio a um gramado se transforma em barco à beira do naufrágio, e a escada se metamorfoseia em montanha onde uma escrava executa trabalhos forçados (ver foto 5).

> Estávamos prontos para ir até o fim, contra ventos e marés, nos corredores, sob as árvores... de tanto que estávamos envolvidos na oficina e convencidos do seu impacto sobre nossa personalidade e nossa formação profissional. (N. A., ENS)

Jogos envolvendo a experimentação do contato de pedaços de figurino com o corpo, de modo a chegar à criação de personagens, encerraram essa fase (ver foto 6). Eles foram a ocasião para que os membros do grupo percebessem que as propostas de jogo eram suficientemente neutras para que nelas fosse projetado o universo que desejassem tornar presente.

Ao longo dos encontros, tínhamos o cuidado de colocar em evidência as próprias condutas da coordenação da oficina, tendo em vista problematizar a atuação futura dos participantes. Assim, as razões que nos levaram a tomar a difícil decisão de não aceitar a entrada de dois novos membros a partir do terceiro encontro, por exemplo, foram objeto de considerações pedagógicas no âmbito do próprio grupo.

Àquela altura do processo, os princípios básicos da prática teatral proposta já estavam sendo aprendidos, conforme mostram os depoimentos:

> Enquanto jogadores e enquanto público, percebemos o que se passa nos jogos esteticamente, ou seja, através dos sentidos e do intelecto. (A. C. e D. D., ENS)

> Os jogos continuavam e pouco a pouco nos revelavam seus objetivos não declarados de antemão, mas progressivamente descobertos... A aprendizagem se fazia sem o recurso a uma "ciência" exterior ao âmbito do nosso grupo. (M. T. e H. T., ENS)

> Aprendemos que em arte não se escamoteia e que a única maneira de convencer um público é ser completamente sincero consigo mesmo. (R. H., ENS)

As relações entre as restrições impostas pelo rigor contido nas regras e o prazer lúdico eram abordadas com pertinência:

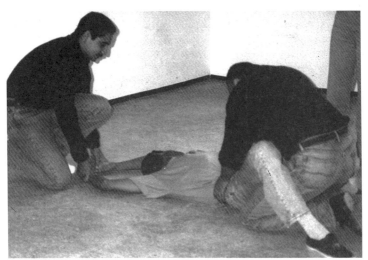
Foto 4: Parto.

Foto 5: Árdua subida.

Foto 6: O eremita e o boxeador.

liberdade de participar do jogo, atravessando o espaço, e liberdade de se manter como espectador, liberdade de exprimir, pelo jogo, aquilo que não se ama ou aquilo com o que se discorda. Mas quem diz liberdade não diz anarquia, pois quem fala em jogo fala em regras e não há jogo possível sem regras. (H. S., ENS)

É um conjunto de leis que nos ensina a liberdade. Somos livres em nossa escolha de jogar e, ao mesmo tempo, somos restritos pelas propostas, pelos limites de nosso corpo, pelo espaço, pelos objetos e pela nossa responsabilidade em relação aos outros. Somos livres na medida em que cada jogador se apropria dessas regras, que se tornam suas. (N. A., ENS)

No que diz respeito à consciência do coletivo e à reflexão sobre as atitudes desenvolvidas em relação a ele, os depoimentos são significativos:

Para mim – e o mesmo ocorreu com todos os colegas com quem falei sobre o assunto – foi a primeira vez que trabalhei em grupo. (F. B., ENS)

O grupo da oficina já não se parece mais com o grupo classe. Nada mais é igual à situação anterior. Outras relações se instalam. Uma outra comunicação faz com que cada um de nós saia de seu próprio ego para se colocar num coletivo mais divertido, fortemente instrutivo e organizado. Nenhuma idéia é a priori melhor que outra, nenhuma cor se vangloria de ser "a mais clara". (A. H., ENS)

Aprendemos a desenvolver o respeito à opinião do outro e a tolerância. (R. H., ENS)

Verifico que durante o período que durou a oficina, se não cheguei a aprender verdadeiramente a ser tolerante, pelo menos descobri o que é a tolerância. O trabalho em grupo nos levou a aceitar as opiniões do outro, mesmo quando não as partilhamos. (N. A., ENS)

A experimentação lúdica de textos narrativos cobriu um leque de modalidades. Provérbios foram pontos de partida, realizamos colagens a partir de fragmentos literários, abordamos a relação entre o narrador e o personagem, assim como a relação entre o número de personagens e o número de jogadores. Examinamos o local da narração em relação à área do jogo, as diferenças entre narrador na primeira e na terceira pessoa e a diferença entre discurso direto e indireto.

As possibilidades polissêmicas do texto literário, e, em nosso caso preciso, do texto narrativo, foram evidenciadas por meio do ato de jogar.

O texto pode ser jogado de diferentes maneiras; cada um pode descobrir coisas que outros não perceberam, o que evidencia o aspecto plural que pode ter a leitura de um texto; seu sentido não é único, nem é dado de antemão. (N. A., ENS)

Ao dar livre curso à expressão de seu corpo, o jogador adquire grande margem de liberdade para criar um outro significado, diferente daquele visado pelo autor do texto. Com efeito, o sentido de um texto muda conforme o modo pelo qual é dito. (S. H., ENS)

Diferentes abordagens de caráter sensorial permitiram a descoberta lúdica das narrativas.

Com os textos sentimos a importância do trabalho que podem gerar: experiência da compreensão, da expressividade através da velocidade da emissão, da entonação, da relação entre a mudança de tom e a mudança da atitude e da sensação, experiência da posição e do deslocamento dos corpos no momento da apreensão. O texto solicita do jogador a utilização de toda sua energia para produzir um significado que pode não estar necessariamente nele contido, mas lhe é complementar. Todos os nossos sentidos contribuem à elaboração desse significado. (A. H., ENS)

Por ocasião das últimas sessões da oficina, apareceram fortes indicadores do interesse do processo que se concluía. Os estudantes estavam agora em condições de contestar noções do tipo "fidelidade ao texto"; eles tinham adquirido uma compreensão do fenômeno teatral em moldes contemporâneos, segundo a qual a cena não se confunde com uma ilustração do discurso textual.

Uma vez desmontada a noção do texto como receptáculo de um significado a ser extraído, o que aparece é a imagem de um feixe de possibilidades a serem atualizadas através da performance. Salta assim, para o primeiro plano, a importância das condições de enunciação desse mesmo texto. Uma significação particular pode emergir de determinada situação de enunciação textual, situação essa que necessaria-

50 ENTRE O MEDITERRÂNEO E O ATLÂNTICO, UMA AVENTURA TEATRAL

mente engloba tanto os jogadores quanto a recepção do jogo pela platéia.

> Pudemos constatar que o jogo teatral não se pretende escravo do texto. Entre as duas grandes funções do teatro, a saber, a mimética e a lúdica, ele privilegia a segunda. (A. C. e D. D., ENS)

> O texto é dessacralizado e passa a ser um elemento que deslancha a atividade, um pretexto à ação teatral. O jogo não é nem uma simples materialização do texto, nem seu reflexo redundante. Um mesmo texto narrativo pode dar origem a diferentes jogos teatrais. O teatro ultrapassa os limites da palavra através de outros meios de expressão, tais como os objetos, os gestos, os sons. (M. F., ENS)

> O universo dessa produção cênica é essencialmente um universo infinito de leituras e de significados. Chega-se assim a uma ruptura entre o discurso lingüístico e sua representação ativa em cena. (F. Z., ENS)

O processo da oficina foi acompanhado de indicações bibliográficas e da exibição de um vídeo sobre encenações de Peter Brook. No que se refere ao diretor inglês, os estudantes estabeleceram pontos de contato entre alguns de seus princípios e os do nosso trabalho, tais como a preocupação em escapar ao ilusionismo, a dimensão lúdica, a importância da concentração e a noção de espaço vazio. No final do percurso, os vínculos entre o texto e a representação constituíam um tema claramente circunscrito:

> Agora, depois de ter vivido o teatro no meu próprio corpo, sinto necessidade de me dedicar a leituras. Antes, ler Ubersfeld era uma tarefa tediosa, hoje entendo melhor seus livros. (A. H., ENS)

A pesquisa-ação desenvolvida implicou em constantes idas e vindas entre as improvisações com textos narrativos e uma reflexão sobre o fenômeno teatral, levando em conta o contexto marroquino. Nesse sentido, tivemos o cuidado de promover, de modo sistemático, a freqüentação e análise dos espetáculos apresentados na cidade. O estabelecimento de relações entre a prática teatral recém-descoberta e as soluções cênicas apresentadas nas representações assistidas, sem dúvida, ampliou consideravelmente os horizontes dos participantes. Desse modo, as conquistas da oficina ganham outra envergadura: elas passam a compor o conjunto mais amplo e mais significativo das modalidades contemporâneas de conceber o fenômeno teatral.

Ao cabo do processo, pudemos verificar, mediante vários indícios, que ele tinha conduzido às finalidades formativas às quais se havia proposto e, numa certa medida, as tinha ultrapassado.

> A oficina me permitiu conduzir uma reflexão sobre o teatro do interior do próprio teatro. Nossas condições de trabalho não eram luxuosas: uma sala, um carpete que nos protegia do frio, cadeiras e mesas. No entanto, nós aprendemos a movimentar

OS ITINERÁRIOS   51

nossos corpos, a dar sentido a suas possibilidades expressivas e a colorir nossas vozes. Acredito que chegamos assim a um teatro que pensa os meios de sua existência. (M. J., ENS)

Pesquisas Orientadas

A conclusão da formação do estudante da ENS depende, entre outros fatores, da defesa de uma dissertação, fruto de relatório de pesquisa vinculada a alguma disciplina do currículo. Sete entre os dezenove alunos que participaram da oficina nos escolheram como responsável pela orientação de pesquisas por eles levadas a efeito no campo das relações entre o teatro e a educação.

Leituras e discussão da bibliografia específica da área, com esse subgrupo de estudantes, geraram sete projetos de pesquisa, cuja execução foi por nós supervisionada. Essa vertente de trabalho, não prevista inicialmente, acabou se configurando como importante desdobramento da nossa investigação. O acompanhamento das intervenções dos futuros docentes junto a grupos de adolescentes de escolas públicas de nível médio em Tetuán, possibilitou que chegássemos, embora indiretamente, à efetivação de processos teatrais com jovens, meta última de nosso trabalho de formação. Nossa inserção no ambiente daquelas escolas constituiu uma oportunidade singular para vislumbrar, de modo mais concreto, o que poderia significar a abordagem teatral em um meio caracterizado pelo autoritarismo e pela ausência de diálogo.

A orientação dessas pesquisas representou uma ocasião inesperada para verificar como os estudantes iriam operar a transferência do aprendizado vivido para a situação inédita que se lhes apresentava. Cabia agora a eles a responsabilidade de coordenação de oficinas teatrais, tendo em vista objetivos, conteúdo e metodologia por eles estabelecidos. Nossa presença eventual nos encontros com adolescentes permitiu levantar e, posteriormente, debater com os professores em formação, problemas típicos de coordenadores principiantes, tais como a condução da avaliação das cenas ou a gradação das dificuldades dentro de um mesmo encontro, por exemplo.

Entre as dissertações concluídas, duas se destacam pela relevância dos temas tratados e pela qualidade da intervenção educacional. Seus autores têm em comum o fato de terem acumulado experiências anteriores no ensino fundamental e de serem portadores de sérias interrogações sobre o sistema de ensino marroquino e a organização daquela sociedade como um todo.

No caso desses estudantes, a participação na oficina e a realização da pesquisa tiveram um papel primordial no equacionamento de relevantes questões que, para eles, se encontravam ainda formuladas de modo impreciso. O trabalho teatral experimentado possibilitou que germes de inquietações ainda não claramente explicitadas por eles mesmos, se

52 ENTRE O MEDITERRÂNEO E O ATLÂNTICO, UMA AVENTURA TEATRAL

tornassem objeto de reflexão, mobilizando simultaneamente sua atuação pedagógica. Da aliança entre um pensamento menos conforme aos cânones vigentes e o desejo de formular práticas de ensino coerentes com anseios de transformação social ainda em fase de formulação, surgiram os processos descritos e analisados nas duas dissertações.

Algumas considerações sobre cada uma dessas monografias permitirão apreender a contribuição prestada para o ensino do teatro no contexto local.

Do indivíduo ao cidadão

Embora Najate Ben Tahayen, a autora de *O Jogo Dramático e o Jogo Teatral: uma Prática de Socialização e de Desenvolvimento da Autonomia do Adolescente* não o mencione, seu trabalho se inscreve no âmago de uma tendência à individualização que começa a despontar no Marrocos, em franca contradição com movimentos conservadores bastante ativos. Se nos grupos muçulmanos a vida privada autônoma não tem legitimidade reconhecida, e se a totalidade social negligencia ou subordina o indivíduo, é possível, todavia, detectar atualmente indícios de uma dinâmica de mutações sociais, conforme já apontamos. Uma pequena margem de liberdade de escolha de valores começa a ser sutilmente conquistada pelo indivíduo, para seu uso estritamente pessoal.

É nesse quadro que Najate pôde trabalhar sem maiores problemas com o conceito de autonomia – definido por ela como a faculdade de se governar por si mesmo – enquanto valor a ser desenvolvido entre os jovens. Ao mesmo tempo, ela manifestou patente dificuldade em abordar o conceito de cidadania. Sua ambivalência entre o desejo de fazê-lo e o medo de entrar numa esfera de considerações diretamente políticas, denota o quanto o tema por ela escolhido comporta de ousadia em relação ao *status quo*. Algumas passagens de seu texto evidenciam essas inquietações:

> Embora na última década o discurso sobre os métodos de ensino ditos ativos tenha sido amplamente enunciado, as concepções de saber, de mestre e de aluno permanecem vinculadas à estrutura da sociedade que é, em si mesmo, hierarquizada. É por isso que o princípio de autoridade se encontra no centro do sistema de ensino, que permanece ainda tradicional, assim como essa autoridade rege a família, o trabalho e a vida pública. Trata-se de uma fixação desse modelo social na instituição escolar, modelo este baseado no medo que as pessoas têm do poder.

Mais adiante, ela vai um pouco mais longe, questionando a noção de educação e a organização social vigente:

> Um animador cujo comportamento seja democrático corre riscos de enfrentar dificuldades ao propor atividades a um grupo fundado na noção de responsabilidade, pois até então os indivíduos vinham sendo tratados como sujeitos constantemente con-

trolados por uma sociedade que exige sua obediência. Um bom rapaz e uma boa moça são aqueles que nunca discutem as ordens de seus pais. Um bom aluno é o que assimila, sem incomodar o professor, tudo o que lhe é proposto. Como então sensibilizar o adolescente em relação a seus direitos quando ele nunca teve direito à palavra ou à crítica, nem nunca foi responsabilizado ou foi objeto de uma relação de confiança?

Através das posturas adotadas pela autora diante de situações concretas, vislumbra-se uma atitude de profundo respeito e compreensão pelo universo adolescente.

As dificuldades e contradições vividas pelos jovens em meio ao surgimento ainda discreto de indícios do aparecimento da individualização na sociedade marroquina, aparecem nos temas de jogo trazidos à tona durante a oficina coordenada por Najate. Um tratamento crítico é dado, por exemplo, ao personagem da esposa que, por não ter qualquer atividade fora de casa, torna-se desinteressante aos olhos do marido. Seguindo a mesma tendência, a falta de comunicação aparece em cena como a tônica do relacionamento entre pais e filhos.

Em contrapartida, a avaliação de um jogo de estátuas figuradas pelas adolescentes engendra poderosas metáforas comunicadas oralmente, ilustrando sensações pessoais de liberdade e de vitória experimentadas pelas jogadoras. Pudemos observar que essas manifestações, próximas da euforia, estão diretamente relacionadas com a satisfação proporcionada pela utilização de recursos corporais no estabelecimento da comunicação.

Uma outra jogadora foi além dessa expressão para dizer que, por intermédio da criação da estátua, ela tinha criado a liberdade que não conhecia na realidade, nem em casa nem na escola, onde, segundo sua explicação, ninguém jamais tinha atribuído importância ao que ela podia fazer ou ao que ela representava enquanto pessoa.

Uma descoberta de tal ordem foi possível na medida em que Najate havia experimentado, enquanto jogadora na ENS, a sensação de júbilo provocada pela consagração do corpo como fonte de um prazer legitimado, conforme detalharemos no item *Confluência de Culturas*.

O fato de a consciência do processo ser priorizada é salientado com pertinência:

a expressão liberada só pode ter interesse caso se torne comunicável. De algum modo se trata de uma experiência na qual se faz a passagem do pessoal ao coletivo e do subjetivo ao objetivo, na medida em que qualquer sonho, qualquer aventura ou experiência pessoal que tenha tomado a forma lúdica pode tornar-se o elemento dinâmico de uma leitura objetiva, de uma reflexão e talvez de uma retomada do jogo.

Após ter destacado a importância do acesso ao texto literário como meio de conhecimento de situações diferentes daquelas nas quais se está normalmente envolvido, Najate reivindica o exercício teatral no ensino médio como oportunidade para valorização de práticas de cida-

54 ENTRE O MEDITERRÂNEO E O ATLÂNTICO, UMA AVENTURA TEATRAL

dania nas quais o direito à palavra, à crítica, à diferença e à decisão coletiva têm lugar de proeminência.

Texto literário, jogo teatral e desenvolvimento do jovem são inter-relacionados com propriedade nas passagens finais:

A abordagem lúdica de um texto torna-se suscetível de favorecer o processo de autonomia do adolescente, na medida em que ele descobrir meios pessoais e sensíveis para explorá-lo e comunicá-lo.

A abertura em relação aos impasses da juventude e o caráter ousado da investigação permitem supor que a autora possui especiais condições para desenvolver uma atuação docente à altura das questões que ela vem se colocando.

Presença e ocultamento do corpo

Um dos aspectos que primeiro chamam a atenção na monografia *O Teatro na Escola*, realizada pela dupla Adel Cherqaoui e Drïss Doukkali, é o fino entendimento dos procedimentos experimentados na ENS, como se pode observar:

No círculo formado pelos elementos do grupo, reinava uma atmosfera plena de impaciência, como se a necessidade natural de jogar tivesse repentinamente encontrado em nós uma brecha para poder renascer, ressurgir. Foi aquela nova disposição das pessoas em um espaço vazio que favoreceu a emergência de uma tal necessidade. O fato de esvaziar a sala, de nos instalarmos no chão, de estarmos mais próximos uns dos outros dentro do círculo, realmente nos faz sentir as primeiras promessas do jogo, da arte teatral.

As fases inicias do processo experimentado são objeto de suas considerações:

Ao partir de uma ação e não de um texto, os jogadores deixam de correr o risco de se esconder atrás da palavra. Eles incorporam a noção de ação antes da ocorrência, no jogo, de qualquer forma verbal e, assim, acabam, ao mesmo tempo, se envolvendo mais.

Uma compreensão aguçada da comunicação na esfera lúdica é revelada ao leitor:

Ao se lançarem nessa aventura coletiva, os jogadores são submetidos a um contínuo esforço de improvisação e ajustamento recíproco. O jogador se aplica, se depara com tudo o que é aleatório dentro do jogo e, ao mesmo tempo, desenvolve sua capacidade de escuta, ou seja, a mobilização de todos os seus sentidos a fim de acolher as propostas do outro, de explorá-las tendo em vista alimentar e retomar o jogo.

Os autores tiveram a responsabilidade da coordenação de um processo com catorze jovens entre dezessete e vinte anos, tendo em vista

OS ITINERÁRIOS   55

promover uma iniciação à linguagem teatral. Para tanto, propuseram principalmente provérbios como ponto de partida.

De acordo com a dissertação, o grupo de jovens se lançou nos jogos teatrais com grande energia e reivindicou a continuidade do processo. Entre os depoimentos dos participantes, o testemunho de Nabila chamou nossa atenção, na medida em que indica a qualidade do processo de aprendizagem teatral levado a efeito pelos dois coordenadores:

> A atividade teatral tem muitas vantagens porque ajuda a desenvolver as capacidades intelectuais do indivíduo. Ela o torna capaz de expressar livremente seus sentimentos e isso acontece graças ao jogo. Esse jogo se faz através do movimento, do olhar e de algumas palavras. O papel principal é desempenhado pelo corpo.

Um dos itens do trabalho é dedicado ao exame das recomendações oficiais do governo marroquino no que tange às atividades teatrais. Muitas são as incoerências e insuficiências apontadas; entre elas, destaca-se a pertinência da crítica feita pelos autores à valorização exclusiva da produção de espetáculos e participação em festivais. Conforme eles bem apontam, o resultado dessa política é a inevitável exclusão de boa parcela de alunos de qualquer perspectiva de aprendizado teatral. Dentro dessas diretivas, uma recomendação no sentido de que se atribuam "papéis principais" aos "alunos que têm mais audácia", é meticulosamente criticada e desmontada pelos autores da monografia.

Um dos aspectos mais interessantes do desenvolvimento da oficina conduzida por Adel e Drïss, no entanto, não aparece no texto da dissertação: trata-se de um conflito ligado à documentação dos encontros, ocorrido durante a prática com os jovens.

Os autores em questão tinham obtido licença para efetuar sua oficina no Lycée Hassan II. Os encontros eram acompanhados por um professor de francês daquele estabelecimento, bastante entusiasmado com a proposta teatral. O referido docente havia se prontificado a gravar as sessões em vídeo, contribuindo, assim, de maneira discreta, para o registro do processo. Esse registro era considerado importante pelos coordenadores e havia sido objeto da concordância dos membros do grupo. O acordo verbal firmado entre os três adultos previa que uma cópia ficaria de posse dos pesquisadores e outra passaria a fazer parte do acervo da escola.

Às vésperas do último encontro, uma das jovens fez uma solicitação especial ao professor da instituição, encarregado também de proceder à edição da fita de vídeo: ela gostaria que fosse efetuado um corte em uma cena na qual aparecia dançando. Segundo ela, apesar de ter se sentido à vontade no jogo realizado – e cabe lembrar que a ação de dançar havia decorrido da iniciativa do grupo ao qual pertencia –, caso seu pai tivesse acesso àquele vídeo, graves problemas poderiam

56 ENTRE O MEDITERRÂNEO E O ATLÂNTICO, UMA AVENTURA TEATRAL

ocorrer. Na medida em que ele não reuniria as condições necessárias para compreender o significado daquela passagem no seu devido contexto, sua única atitude possível seria uma violenta condenação dirigida à filha.

A situação ilustra bem a desconfiança em relação à representação por meio da imagem, manifesta no cotidiano, que não é, contudo, vivida de modo homogêneo por todos os marroquinos. Fotografias, por exemplo, tendem a ser evitadas nas faixas da população mais vinculadas ao mundo rural, e a serem toleradas ou mesmo tratadas com evidente interesse nas camadas sociais mais favorecidas. Segundo a jovem em questão, na perspectiva de seu pai, a existência de imagens em vídeo que documentassem cenas nas quais ela executasse movimentos tidos como sexualmente provocadores, seria um comprovado fator de desonra para sua reputação.

O conflito foi declarado quando o professor se recusou a atender ao pedido da jovem. Sua argumentação era dupla: as tomadas da referida cena tinham resultado em belas imagens e, de outro ponto de vista, uma vez que a jovem tinha se lançado ao jogo, não poderia mais anular um fato realmente acontecido. O impasse gerou perplexidade nos dois coordenadores, alunos da ENS, e acabou se transformando, durante uma das sessões de orientação da pesquisa, em oportunidade para que abordássemos intrincadas questões envolvidas no confronto.

Dançar, no meio muçulmano, é ação emblemática de uma descontração corporal que, ao proporcionar prazer, torna-se tabu; homens e mulheres quase nunca dançam juntos, mas apenas com pessoas do mesmo sexo. Em circunstâncias especiais, como vimos, a dança no Marrocos chega a ser tolerada enquanto manifestação de religiosidade ligada a crenças pré-islâmicas, mas nessas condições é encarada quase como ritual primitivo. No clima de confiança estabelecido na oficina, dentro dos moldes de uma ficção claramente delimitada pelo jogo, a jovem se permitiu realizar uma ação que, no plano do cotidiano, seria transgressora. A própria natureza do vídeo, totalmente diversa da situação que lhe deu origem, permitiria que viessem à tona apenas parcelas incompletas de um processo extremamente multifacetado, podendo potencialmente gerar incompreensões. Os receios da jovem eram, portanto, plenamente fundados.

O impasse acabou sendo resolvido favoravelmente à moça, a partir de uma intervenção de nossa parte, bem recebida pelo docente. Do ponto de vista da aprendizagem dos pesquisadores iniciantes, o incidente gerou uma proveitosa reflexão. Inicialmente restrito ao âmbito do autoritarismo do professor e da definição da autoria do vídeo, o debate acabou se deslocando para a responsabilidade coletiva dentro de um projeto pedagógico, no qual jovens, estudantes, professor e a orientadora da pesquisa, juntos, buscaram respostas para um mesmo problema. O desafio que se apresentava para todos era aprender a examinar a experiência do grupo reunido no Lycée Hassan II por meio de uma ótica diferenciada; estávamos todos envolvidos em uma pesquisa-ação voltada para a elaboração coletiva de conhecimento sobre a natureza do jogo teatral.

O trabalho de Adel e Drïss foi agraciado com o prêmio de melhor monografia realizada na ENS naquele ano letivo. Mesmo que os critérios dessa premiação possam ser discutidos, uma vez que a escolha resulta de comparação entre dissertações relativas a diferentes áreas do conhecimento, é inegável que ela aponta para o reconhecimento institucional de uma prática pedagógica em teatro.

CONFLUÊNCIA DE CULTURAS

O processo desenvolvido no curso da oficina oferecida na ENS não poderia ser examinado isoladamente do complexo contexto cultural e institucional aqui apenas esboçado. Muitas das características da experimentação são indissociáveis do quadro no qual ela se desenrolou.

Mesmo que, por razões evidentes, não tenhamos contado com a presença dos chamados radicais islâmicos em nossa oficina, as nuances entre uma prática religiosa rigorosa e a intolerância, à primeira vista, podem parecer tênues. Assim, foi preciso compreender que, no momento em que o almuadem emitia sua litania do alto do minarete, chamando os fiéis para uma das cinco preces diárias, um intervalo se impunha em nossa prática. Se muitos dos membros da oficina se propunham a desvincular o nosso intervalo do horário das preces, a reivindicação encaminhada por outros, no sentido de poderem responder ao apelo da mesquita, acabava estabelecendo o ritmo das pausas para todos.

À maneira de um antropólogo em ação, coordenar a oficina da ENS exigiu um contínuo esforço no sentido de observar as reações dos participantes, tendo em vista não violentá-los com propostas que corressem riscos de soarem agressivas. Mesmo assim, sem querer, tivemos ocasionalmente condutas desadaptadas ao contexto, que geraram surpresa entre os participantes, tais como uma menção à revista *Playboy*, ou a execução de um gesto traduzível entre nós como "venha cá", considerado obsceno no mundo árabe. Em determinado momento, o emprego do termo *prostituta* ocasionou sugestão de um estudante no sentido de que fosse substituído por uma expressão equivalente a "mulher decaída". A observação do comportamento dos participantes e a consciência de condutas desadaptadas às circunstâncias foram progressivamente forjando nossa elaboração das regras de conduta a serem adotadas, cabíveis no contexto.

A responsabilidade do trabalho teatral acarretou também de nossa parte, a necessidade de um desmantelamento sistemático de pontos de

58 ENTRE O MEDITERRÂNEO E O ATLÂNTICO, UMA AVENTURA TEATRAL

vista apriorísticos sobre práticas sociais marroquinas. Duas das participantes usavam lenço para cobrir a cabeça; uma delas o fazia regularmente e a outra de modo intermitente. No primeiro contacto, a presença do lenço foi por nós apressadamente interpretada como indício de conservadorismo e de um modo de vida permeado por intransigências de caráter religioso. A continuidade da oficina revelou que, ao contrário do que se supunha, ambas aliavam intensa disponibilidade em relação ao jogo a uma grande abertura intelectual e a um contato relativamente descontraído com o sexo oposto. O estereótipo ia se desfazendo à medida em que a relação na oficina começava a resultar em uma trama dentro da qual nos aproximávamos mais e mais.

A permanência no país permitiu reverter a estreiteza da nossa visão. O fato de a cabeça permanecer coberta tende a assegurar à mulher muçulmana um tratamento carregado de maior deferência. Assim sendo, o uso do lenço pode pragmaticamente implicar maior margem de manobra para o exercício de papéis sociais mais ativos, uma vez que a respeitabilidade feminina seria por ele, senão garantida, pelo menos facilitada.

Em determinadas circunstâncias, a ausência de referências precisas dificultava a leitura de signos emitidos e conduzia a perguntas dirigidas aos jogadores sobre o seu significado. É o que ocorria, por exemplo, com canções tradicionais entoadas durante as improvisações. Certa vez, a impossibilidade de decodificar a gestualidade específica de um personagem feminino vivido por um jogador, gerou solicitação de esclarecimento por parte da coordenação. Tratava-se de um gesto de carpideiras egípcias, que, ao abrirem brusca e repetidamente os braços cruzados em torno da cabeça, soltam gritos agudos específicos aos rituais de lamentação dos mortos.

Ocasionalmente, as situações cênicas mostraram jogos e brincadeiras tradicionais praticados também no Brasil, tais como corrupio, amarelinha, bolinha de gude e "tesoura, papel e pedra". Essas descobertas causaram satisfação especial; a força do elemento lúdico consistia em nosso lastro comum e se impunha sobre as distinções entre nossas formas de estar no mundo. Dentro desse quadro, o interesse da valorização desse legado comum a várias culturas junto às jovens gerações foi ressaltado.

A *halka*, círculo formado em torno do contador de histórias ganhou um novo estatuto em nossos encontros. A mesma disposição do grupo – sentados em círculo, no chão – era usada na abertura e no encerramento de cada sessão. A aproximação entre a convergência assegurada pelo círculo tradicional e nossa disposição espacial nos momentos de diálogo sobre o trabalho, gerou uma revalorização da *halka* aos olhos dos participantes.

OS ITINERÁRIOS   59

Contrariamente à disposição habitual no seio dos estabelecimentos escolares, que instaura um certo isolamento, a disposição em círculo favorece um investimento psíquico coletivo, o que coincide com um elemento próprio à nossa cultura, a *halka*. (A. C. e D. D., ENS)

O círculo, primordial em ritos e em participações cerimoniais coletivas, é o espaço por excelência do jogo desvelado, da ausência de segredo, portanto do não-ilusionismo. Nele não há qualquer ângulo de visão privilegiado ou distância regulamentar a ser necessariamente respeitada. Ao tomarem consciência dessas implicações, os participantes lançaram mão seguidas vezes do dispositivo espacial da *halka* como significante de lugares fictícios em jogos com textos narrativos.

A dificuldade inicial em jogar com o sexo oposto foi contornada por meio do recurso a diferentes modalidades de divisão em subgrupos. Além das ocasiões em que a escolha dos parceiros se fazia deliberadamente, também se propunha composição aleatória de sub-grupos mediante sorteio, ou ainda uma combinação entre ambos os critérios. Se na vida cotidiana fortes preceitos religiosos fazem com que homens e mulheres não se aproximem espontaneamente, na situação de oficina a regra da combinação arbitrária entre as pessoas, independentemente de seu sexo, mediante sorteio, era não somente aceita, mas acolhida com evidente entusiasmo.

Nas últimas semanas se podia observar uma sensível modificação no que diz respeito a esse aspecto, por parte da maioria dos participantes. O espectro das trocas com parceiros do sexo oposto tinha se tornado mais amplo. Um ou outro gesto amistoso entre homem e mulher, como, por exemplo, tocar o braço ou o ombro do parceiro ao lhe dirigir a palavra, faziam-se esporadicamente presentes. O mais relevante, no entanto, foi o fato de que a oficina lhes possibilitou a experiência inédita de ter conhecido uma relação com o sexo oposto na qual os contatos corporais eram legitimados pelo caráter lúdico da aventura consentida.

Entre as práticas propostas durante a fase inicial do processo, merece referência particular o jogo em que se modelam estátuas individuais, posteriormente carregadas e reunidas em imagens coletivas. Um jogador é o "escultor" que, a partir de uma "matéria plasticamente disponível" – outro jogador – molda uma escultura, segundo instruções emitidas em silêncio. Para tanto, o "escultor" tem duas alternativas: ou se vale da transformação da sua própria expressão facial, que consistirá assim no modelo a ser seguido pela "matéria", ou modela uma atitude precisa no corpo a ser esculpido (ver foto 7).

O prazer gerado por essas situações lúdicas foi surpreendente. Reações como "foi uma grande alegria", "eu era uma obra-prima","meu corpo não me pertencia mais, era muito bom", "senti o que é se dar ao outro" revelaram o intenso investimento erótico presente. Durante o espaço de alguns minutos de prazer gratuito, o peso de inquietações

Foto 7: Surgimento da escultura.

ligadas a tabus ancestrais pôde ser relativizado. O apelo à observação dos corpos, o prazer de se expor ao olhar do outro, assim como o ato de se abandonar à ação do parceiro sobre o próprio corpo, ganhavam um estatuto inédito dentro da experiência dos membros do grupo, uma vez que eram consagrados pelo clima de jogo.

Por outro lado, dificuldades curiosas, pelo menos aos olhos ocidentais, se fizeram presentes. Mediante procedimento de sorteio de propostas provenientes dos colegas, coube a um subgrupo misto realizar um jogo no espaço fictício de um *hammam*[3]. Trata-se de um banho

3. Ver no capítulo "Do Texto ao Jogo: Outros Caminhos", mais uma situação em torno do *hammam*.

público coletivo, formado por uma sucessão de salas com graduação progressiva de calor, sede de uma importante dimensão da vida social nas culturas árabes. De fato, um poderoso imaginário gravita em torno da água e da idéia de purificação, visto que a limpeza do corpo é uma prescrição, antes de mais nada, religiosa. Em um *hammam* há dias pré-determinados para o banho de pessoas de um e outro sexo. Ora, como a situação de jogo sugerida envolvia a presença de jogadores reais de ambos os sexos naquele local imaginário, suscitou considerável relutância. Alguns elementos do grupo se sentiram fortemente incomodados: a despeito de se tratar de ficção, parecia-lhes descabido e mesmo demasiado perturbador o fato de haver personagens de ambos os sexos reunidos em tal espaço. A proposta de um colega, no sentido de que todos os jogadores realizassem personagens de um mesmo sexo, tampouco foi vista como solução para o mal-estar vigente, visto que a condição sexual real dos participantes permaneceria inalterada. O peso do referente era tão intenso, que a transgressão das suas normas no nível da ficção lúdica se revelou completamente impraticável para determinadas pessoas.

Fenômeno semelhante ocorreu quando, após uma improvisação que havia se passado no interior de um *night-club* – como habitualmente, situação sugerida pelos próprios participantes – um dos jogadores admitiu que, ao invés de tomar uísque, como havia sido previamente previsto, havia "bebido chá". A revelação surpreendeu e decepcionou os parceiros, que o questionaram: "nem mesmo no universo do jogo você se permite beber álcool?"

Em contrapartida, nossas dúvidas sobre a viabilidade de abordar uma passagem do romance de Mohamed Choukri, *Le temps de erreurs* (*O Tempo dos Erros*), que trata de temas como prostituição, alcoolismo e drogas se dissiparam e pode-se mesmo afirmar que ela deu origem a descobertas das mais interessantes, em função do elevado grau de envolvimento dos jogadores.

Após o encerramento da oficina, tivemos ocasião de interrogar, em particular, um estudante especialmente religioso sobre uma questão que nos intrigava. Em algum momento teria havido qualquer proposta de nossa parte que tivesse sido encarada por ele como contrária aos princípios pelos quais sua vida cotidiana costumava ser pautada? Sua resposta foi a referência a uma situação na qual um acordo grupal havia estabelecido que em determinado instante do jogo os participantes deveriam se dar as mãos, formando uma roda. No decorrer daquele jogo, o acaso fez com que no momento preciso em que a roda seria configurada, ele estivesse próximo à única mulher do seu subgrupo. Ao se ver na iminência de ter que dar a mão à parceira, foi tomado por sério embaraço. Segundo seu relato, o Alcorão adverte que o ato de tocar o corpo de uma mulher que não seja a esposa é fonte de tentações e ele preferia não se expor a elas. Ao se lembrar, no entanto, de uma

62 ENTRE O MEDITERRÂNEO E O ATLÂNTICO, UMA AVENTURA TEATRAL

instrução que retomávamos seguidamente, "encontrem a solução dentro do jogo", nosso estudante encontrou uma saída. Valeu-se de seu papel de narrador para se furtar ao contato indesejado, estabelecendo uma outra relação espacial com os personagens, exterior à roda, relação esta perfeitamente coerente ao nível do jogo. São dele as palavras:

> Esse fato ilustra, ao meu ver, a riqueza da nossa experiência. Você nunca nos impôs qualquer solução, nem sobre como jogar, nem muito menos sobre o conteúdo dos jogos. A idéia de liberdade individual, dentro de um profundo respeito pelo outro, que é fundamental na nossa oficina, já está presente no Alcorão. (H. S., ENS)

Dois outros depoimentos escritos pelos estudantes ressaltam o aspecto intercultural da experiência, qualificando-o positivamente:

> Você nos apresentou textos narrativos que respondem a preocupações que são nossas, na medida em que não estão distantes de nosso universo sociocultural. A partir daí não podemos mais conceber um trabalho com crianças ou adolescentes que não leve em consideração suas expectativas e sua especificidade. (N. B., ENS)

> O jogo teatral poderia exercer um outro papel, importante, o de promover um diálogo entre os povos, um diálogo de solidariedade, de tolerância, de paz, dentro do respeito à diferença. (M. F., ENS)

A escuta mútua nos levou a compreender razões e motivações que eram as do outro. Nossa experiência remetia ao cerne da noção de dialogismo tão cara a Bakhtin. Exercemos todos nossa alteridade ao tecermos uma relação singular, permeada pela comunicação teatral, com esse outro. A partir do contato entre códigos de duas culturas, fizemos surgir o terceiro elemento: uma área de interseção dentro da qual atuamos, que enriqueceu a visão de mundo de cada um de nós. Juntos, construímos um diálogo fértil que transformou a todos.

Alguns dos textos literários utilizados na oficina provinham de autores muçulmanos contemporâneos pouco conhecidos no Marrocos, divulgados em publicações francesas recentes. Por meio do trabalho com uma brasileira, os estudantes marroquinos descobriam criações oriundas de sua própria cultura.

3. Do Texto ao Jogo: da Análise da Narrativa ao Discurso Teatral

A experimentação teatral de textos narrativos pressupõe o conhecimento da articulação interna desses textos. Recorremos, então, às teorias da narração, na perspectiva de desvelar a natureza do ato de narrar.

Essa necessidade de compreensão teórica da narrativa fica manifesta quando se pensa nas complexas relações entre ação e narração, que se pretendia experimentar no jogo, sobretudo se lembrarmos um fator fundamental: dentro dos·contos e romances abordados, essa distinção entre a ação e a narração já se faz presente no próprio interior do texto. Um mergulho nesse campo teórico contribuiu para a formulação das novas propostas de jogo teatral com as quais operamos.

As raízes do pensamento sobre o ato de narrar se encontram na Grécia antiga. Em *A República*, Platão já distingue como os fatos podem ser transmitidos ao público: por um lado, há o caminho da "imitação" do real, por outro, o da interpretação mais ou menos direta do poeta na sua exposição. Surge, então, a distinção entre a representação direta – *mimese* – e a narração – *diégese*. Pouco depois, Aristóteles, na *Poética*, caracteriza a mimese como o modo fundamental da arte, citando suas diversas manifestações. Além da tragédia, que examina minuciosamente, inclui também dentro daquela categoria, a poesia e o relato épico. Ambas as classificações "se encontram em relação ao essencial, ou seja, a oposição entre o dramático e o narrativo, sendo que o primeiro é considerado pelos dois filósofos como mais plenamente imitativo que o segundo"[1]. Essas noções estão na base das poéticas

---

1. G. Genette, "Frontières du récit", *Communications*, n. 8, p. 160.

64   ENTRE O MEDITERRÂNEO E O ATLÂNTICO, UMA AVENTURA TEATRAL

latinas em sua classificação das formas literárias dentro das categorias consagradas de *lírica*, *épica* e *dramática*, hoje apropriadamente mais consideradas como modos do que como gêneros.

Se Genette chama a atenção para o "aspecto singular, artificial e problemático do ato narrativo"[2], Barthes, em *Introduction à l'analyse structurale du récit*[3], mostra que as opções narrativas do autor pressupõem que elas sejam determinadas, pelo menos em parte, pelo efeito pretendido sobre o destinatário.

Entre os múltiplos teóricos voltados para o tema da narrativa, observamos que Benveniste, Eco e Todorov operam com oposições que acabam se recobrindo.

Benveniste opõe a *história*, em que "ninguém fala; os acontecimentos parecem se contar sozinhos", ao *discurso*, que designa "toda enunciação supondo um locutor e um ouvinte, tendo o primeiro a intenção de influenciar o outro de algum modo"[4].

Eco, por sua vez, fala em *fábula* e *enredo*. "Fábula é o esquema fundamental da narração, a lógica das ações e a sintaxe dos personagens, o curso de eventos ordenado temporalmente", enquanto que o enredo é

a história tal como de fato é contada, conforme aparece na superfície, com as suas deslocações temporais, saltos para a frente e para trás (ou seja, antecipações e *flashback*), descrições, digressões, reflexões parentéticas. Num texto narrativo, o enredo identifica-se com as estruturas discursivas[5].

Mas é particularmente na definição de Todorov que fundamentamos vários dos procedimentos lúdicos empregados. Ele opõe a *história*, que "é uma abstração, uma vez que ela é percebida e contada por alguém, ela não existe 'em si'" e o *discurso*: "nesse nível não são os acontecimentos contados que interessam, mas a maneira pela qual o narrador nos faz conhecê-los"[6]. A distinção equaciona, portanto, o vínculo entre uma sucessão de acontecimentos e a maneira pela qual eles são relatados. Todorov distingue precisamente o autor da narrativa e o narrador da narrativa; este último é uma figura autônoma, criada pelo autor, tanto quanto os personagens.

Essa clareza conceitual é indispensável, na medida em que elimina riscos de dicotomia entre forma e conteúdo. Ao longo da nossa experiência em Tetuán nunca se dissocia aquilo que é contado da palavra que o transmite. Excluímos a adaptação de textos narrativos para o

2. Idem, p. 158.
3. R. Barthes, "Introduction à l'analyse structurale du récits", *Communications*, n. 8, pp. 7-33.
4. P. Ricoeur, *Temps et récit*, p. 118.
5. U. Eco, *Lector in fabula*, pp. 85-86.
6. T. Todorov, "Les catégories du récit littéraire", *Communications*, n. 8, pp. 132-133.

DO TEXTO AO JOGO: DA ANÁLISE DA NARRATIVA AO DISCURSO TEATRAL   65

teatro, justamente porque nosso interesse não reside simplesmente na *diégese*. Nossa motivação se situa precisamente na descoberta de significados gerados pela *fricção entre a narrativa e a dramatização dessa narrativa*.

Em *Lector in fabula*, Umberto Eco lança importantes questões que contribuem para o entendimento da amplitude dessa descoberta de significados. O autor demonstra que o texto possui invariavelmente algo de lacunar, de incompleto e que ele sempre requer do leitor "movimentos cooperativos, conscientes e ativos", pois "todo texto quer que alguém o ajude a funcionar"[7]. Durante o ato de leitura, o leitor completa elipses presentes em todo enunciado. Por outro lado, Eco reitera que cada texto é sempre lido em relação à experiência que o leitor tem de outros textos, ou seja, ele evidencia nessa obra a noção de intertextualidade. Estamos diante de duas noções especialmente férteis, que indiscutivelmente geram importantes implicações no plano pedagógico.

As posições de autores como Genette, Barthes, Benveniste e Todorov coincidem quanto ao relevo dado à regulação da distância narrativa, ou seja, à proeminência que o discurso do narrador possa ter em relação ao discurso do personagem. A partir desses autores, e especialmente das contribuições de Genette sobre o estatuto do narrador e suas funções[8], sintetizamos três grupos de parâmetros – referentes ao tempo, ao modo e à perspectiva narrativa – que constituíram eixos da formulação de propostas teatrais para abordar as obras literárias.

No que diz respeito ao parâmetro temporal, uma dimensão relevante é a *ordem*, que implica na comparação entre a seqüência cronológica dos fatos e a disposição desses mesmos fatos na narração. É o que acontece, por exemplo, quando a narração começa no momento em que a história já está avançada. Implica em retrospecções (*flashback*) e antecipações.

A abordagem da *duração*, por sua vez, implica a identificação de:

- *Pausa*: Comentários desvinculados da ação;
- *Cena*: Igualdade de duração entre a narrativa e a história; apresentação *in extenso* do discurso dos personagens; cria a ilusão de uma representação direta se desenrolando diante dos olhos do leitor;
- *Sumário*: Duração da narrativa inferior à da história; apresentação resumida, que fornece rapidamente as informações necessárias; pode se referir a acontecimentos não-verbais ou ao discurso dos personagens; sua forte condensação dificulta a visualização mental da história;
- *Elipse*: Acontecimentos que o texto não relata.

7. U. Eco, op. cit., pp. 36 e 37.
8. Ver também J.-L. Dumortier e F. Plazanet, *Pour lire le récit*; e J. Lintvelt, *Essai de typologie narrative*.

66 ENTRE O MEDITERRÂNEO E O ATLÂNTICO, UMA AVENTURA TEATRAL

Outro aspecto do tratamento do tempo concerne à *freqüência*, ou seja, às relações de repetição que podem se estabelecer entre a narração e a história. Três possibilidades se apresentam:

- Narrativa conta uma vez o que se passou uma vez;
- Narrativa conta *n* vezes o que se passou uma vez;
- Narrativa conta uma vez o que se passou *n* vezes.

A segunda possibilidade nos chama especialmente a atenção: ela permite que um mesmo acontecimento seja narrado com variações de pontos de vista, variações estilísticas, ou, mais freqüentemente, ambas. *L'enfant de sable* (*A Criança de Areia*) de Tahar Ben Jelloun, consagrado romancista marroquino que escreve em língua francesa, vale-se desse recurso: diferentes contadores apresentam diferentes relatos sobre os últimos anos de existência da heroína.

Quando se examina o modo da narração, evidenciam-se as características narrativas que provocam a ilusão; no âmago desse parâmetro estão equacionados o ocultamento e a colocação em evidência da instância narrativa. Os diferentes modos narrativos assim se apresentam:

- *Discurso direto*: Os acontecimentos verbais são relatados em sua forma original; o narrador faz os personagens falarem;
- *Discurso indireto*: O narrador assume sua visão dos acontecimentos; ele fala no lugar dos personagens;
- *Discurso indireto livre*: Ambigüidade; o leitor é incapaz de determinar exatamente se quem fala é o narrador ou a pessoa que pronuncia as palavras.

Quando se analisa a perspectiva narrativa examina-se, por sua vez, o cerne da relação entre enunciação e enunciado. A escolha de um ponto de vista tem influência determinante sobre a quantidade de informações apresentadas e também sobre sua qualidade. Três são as possibilidades:

- *Narrativa não focalizada*: Narrador maior do que o personagem, onisciente; dá mais informações do que qualquer protagonista poderia dar;
- *Narrativa com focalização interna*: Narrador igual ao personagem; apresenta apenas as informações que o personagem pode apresentar;
- *Narrativa com focalização externa*: Narrador menor do que o personagem; descreve comportamentos apreendidos do exterior – o que vê, ouve – mas não tem acesso a nenhuma consciência.

Uma vez mais a obra de Ben Jelloun, *A Criança de Areia*, ilustra um de nossos parâmetros; nela, a função meta-narrativa é assegurada

DO TEXTO AO JOGO: DA ANÁLISE DA NARRATIVA AO DISCURSO TEATRAL   67

pelas numerosas intervenções de um narrador não focalizado, que vão de encontro à ilusão romanesca.

Dando continuidade ao exame das relações entre o narrador e aquilo que é narrado, cabe lembrar a estrutura especialmente complexa de um dos principais componentes de nosso *corpus*: *As Mil e Uma Noites*. Obra essencial para o conhecimento do imaginário árabe-islâmico no seu apogeu, é qualificada por Todorov como "maravilhosa máquina de contar"[9]. Narrativa desdobrada em outras narrativas, *As Mil e Uma Noites* nos revela, num primeiro nível, os acontecimentos vividos entre o soberano e Sherazade: o ato de contar histórias aqui equivale para ela à conquista da sobrevivência. Num segundo nível, a obra apresenta as narrativas enunciadas pela heroína ao soberano. À semelhança da moldura que as enquadra, dentro dessas narrativas também muitos personagens são ameaçados de morte, caso não possam continuar a contar. Como afirma Borges, "esses contos que se inserem em outros contos produzem um curioso efeito, como de infinito, criando uma espécie de vertigem"[10].

Entre os textos escolhidos, há presença significativa de contos maravilhosos. Eles têm como característica fundamental o fato de transportarem de imediato o leitor a um universo completamente diferente do nosso, tanto ao nível dos seus seres quanto das leis que o regem, sem que isso constitua, no entanto, um objeto de surpresa. O leitor se depara com uma indeterminação completa em termos espaciais e temporais.

Seus heróis não são individualizados; têm uma função ou um nome, mas não possuem sobrenome, por exemplo. São caracterizados de modo física e moralmente genéricos; não são retratados, mas esboçados. O final feliz é recorrente; se a trajetória do conto nem sempre é portadora de uma moral, ela tem pelo menos um caráter compensatório. André Jolles mostra como o conto traz, de maneira subjacente, um sentimento de injustiça a ser reparada e esclarece a importância da reconquista de um novo equilíbrio, conforme a expectativa do leitor[11]. A antítese, que denota o maniqueísmo, assim como a hipérbole, reveladora da desmedida desse tipo de discurso, constituem as figuras mais empregadas.

Na perspectiva da definição precisa de categorias que conduzissem do texto ao jogo, a serem posteriormente apresentadas aos participantes, nosso primeiro passo foi a constituição de uma proposta piloto. Em uma sessão de oficina foi sugerido aos subgrupos que comunicassem uns aos outros, textos de ficção por eles escritos, sem que qualquer outra precisão tivesse sido anunciada. Todas as respostas obtidas ul-

9. T. Todorov, *As Estruturas Narrativas*, p. 132.
10. J. L. Borges, *Conférences*, p. 66.
11. A. Jolles, *Formas Simples*, p. 199.

68 ENTRE O MEDITERRÂNEO E O ATLÂNTICO, UMA AVENTURA TEATRAL

trapassaram a simples oralização dos textos e incluíram ações dramáticas.

A experiência foi significativa, na medida em que as soluções encontradas para a transmissão dos textos recobriram exatamente as questões que pretendíamos tratar por meio de categorias então em fase de ajustamento. Assim, independentemente de qualquer diretividade da coordenação:

a) Na maioria das ocorrências, um jogador-personagem ilustrava, mediante ação paralela, o que dizia um jogador-narrador;
b) Um jogador foi sucessivamente narrador e personagem;
c) Dentro de um mesmo grupo, a narração foi assegurada sucessivamente por diferentes jogadores, que, ao narrar, executavam ações comentando passagens do texto (ver foto 8).

Pudemos detectar alguns problemas nessa sessão piloto. Os participantes confundiam o narrador e o autor da história, manifestavam imprecisão na realização das ações e dificuldades com cenas simultâneas.

Essas constatações contribuíram para o ajustamento das categorias que, em seguida, passaram a orientar trajetórias que levassem do texto narrativo ao jogo teatral. Antes de apresentá-las, cabe colocar em relevo modalidades lúdicas que serviram de base para esses percursos. Estamos nos referindo a jogos que nos primeiros contatos com a matéria escrita favorecem a apropriação do texto.

JOGOS DE APROPRIAÇÃO DO TEXTO

Conforme salientamos anteriormente, jogos dessa natureza vêm aparecendo em uma série de práticas recentes; eles têm como finalidade fazer com que o jogador se impregne sensorialmente do texto, mediante a exploração da materialidade do significante, antes de passar à improvisação teatral propriamente dita. Os jogos assim denominados constituem o avesso da tradicional leitura de mesa, na qual a abordagem é, antes de tudo, intelectual. Mediante seu exercício, se instala um patamar sólido que permite a descoberta de conotações imprevistas. A própria matéria sonora do significante é experimentada de várias maneiras, passando, assim, a ser condutora do jogo teatral que se segue.

Por meio deles, o jogador descobre ludicamente a importância da dimensão paralingüística, assim definida por Anne Ubersfeld:

domínio dos signos ligados à linguagem que aparecem em sua emissão fônica: voz (timbre, entonação, acento, altura), intensidade, articulação, ritmo, fraseado, sem contar (e não é o menos importante) a proferição, ou seja, a orientação física da palavra em direção a um destinatário[12].

12. A. Ubersfeld, *Les termes clés de l'analyse du théâtre*, p. 63.

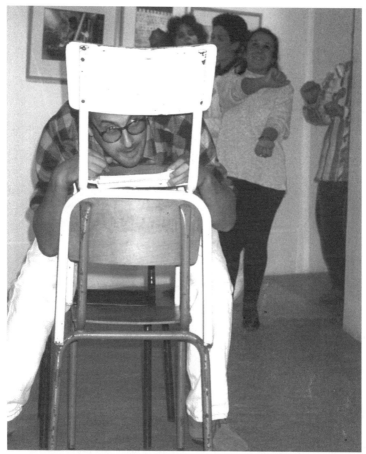

Foto 8: *O caixa*.

Assim, o contato inicial dos participantes com o texto dava-se por meio da apropriação lúdica de diferentes passagens, cuja extensão podia variar de uma seqüência de palavras a duas ou três frases. Essas passagens deveriam ser lidas; sabê-las de cor poderia ser uma decorrência das repetições, não, em absoluto, um pré-requisito para o jogo. Entre as modalidades experimentadas, destacam-se:

a) Todos andando; um diz o texto em voz alta. Quando um interrompe, outro encadeia;
b) Todos andando e lendo silenciosamente; a um sinal, olhar a pessoa mais próxima e lhe dizer a frase em que parou. O outro responde dizendo a sua passagem;
c) Idem, para a pessoa mais distante;
d) Todos andando e dizendo o texto; um cessa a leitura e o andar, todos cessam; um retoma, todos retomam;

70 ENTRE O MEDITERRÂNEO E O ATLÂNTICO, UMA AVENTURA TEATRAL

e) Dizer o texto para diferentes quantidades de pessoas, em diferentes tipos de espaço: íntimo/público, fechado/aberto, concentrado/disperso;

f) Andando, cochichar o texto no ouvido dos parceiros sentados de olhos fechados;

g) Em duplas, um é guia, o outro é cego. O guia dirige a caminhada do cego por meio da emissão sonora; enquanto diz o texto, o cego pode prosseguir; quando o texto não é emitido, o cego deve parar;

h) Em círculo, voltados para o exterior; cada um experimenta um fragmento com variações de entonação, ritmo (contínuo/descontínuo, crescente/decrescente), timbre (rouco, aveludado, cortante, sufocado), intensidade, altura, velocidade, duração (sílabas prolongadas/encurtadas), fraseado, sucessivamente, alternando-se os jogadores;

i) Idem, voltados para dentro do círculo. Olhando-se, lançar o texto como bola;

j) Emitir o texto como se fosse comestível: mordê-lo, mastigá-lo etc.;

k) Emitir o texto andando na ponta dos pés, em câmera lenta, em desequilíbrio, aceleradamente, correndo, nadando, se esgueirando etc.

O texto é desvelado gradativamente, sempre em ação. A intensidade do envolvimento nos jogos de apropriação tende a mobilizar os participantes, apresentando repercussões diretas na densidade dos jogos teatrais que se seguem.

AS CATEGORIAS

As categorias formuladas constituem classes de problemas destinadas à experimentação; são fruto de uma fusão entre diretrizes voltadas para a análise da narrativa e elementos básicos da linguagem teatral. Elas serão dadas a conhecer através de exemplos extraídos de jogos teatrais realizados na Escola Normal Superior.

A cada sessão da oficina, um mesmo texto ou diferentes passagens de um mesmo texto eram jogados a partir de propostas de solução de problemas que poderiam ser comuns para o grupo todo, ou dirigidos especialmente a diferentes subgrupos.

Embora cada uma das categorias levantadas seja aqui ilustrada mediante um ou mais textos literários abordados, cabe esclarecer que cada texto propiciava a experimentação de mais de um problema de teatralização. Um mesmo conto era empregado para que se examinasse o problema da ação teatral, do local da narração e da relação entre discurso direto e discurso indireto, por exemplo. Na verdade, quanto mais o processo avançava no tempo, mais se acentuava o seu caráter cumulativo. A abordagem textual tendia a se tornar mais rica, pois os participantes passavam a tratar não só as categorias propostas

DO TEXTO AO JOGO: DA ANÁLISE DA NARRATIVA AO DISCURSO TEATRAL 71

naquele encontro, como também outras, objeto de encontros anteriores.

Pistas para a Ação Teatral

A realização de ações que estabeleçam uma relação com o texto comunicado por meio da voz é a questão-chave da passagem do texto ao jogo teatral. A presença de alguém agindo *como se*, num espaço dado, diante de outro que o observa, é o que caracteriza, antes de qualquer contingência, o acontecimento teatral.

Entre o que é dito e o que é feito na área de jogo, múltiplos tipos de relação podem se estabelecer. Aquela que tende a surgir de imediato é justamente a menos interessante do ponto de vista da densidade do discurso emitido; estamos nos referindo à ilustração do texto mediante ações paralelas tendendo à redundância. Se, por um lado, o mesmo significado, pelo simples fato de circular por meios radicalmente distintos – discurso verbal e discurso cênico – pode certamente gerar alguma ampliação semântica, por outro, evidencia-se o interesse em se desenvolver recursos junto aos jogadores para que eles ultrapassem tentativas de ilustração que poderíamos qualificar como meramente diretas.

A tentativa de alcançar um paralelismo temporal entre a emissão sonora do texto pelo narrador e as ações que reproduziam o que era transmitido, ocorreu em um dos primeiros textos abordados, *História do Rei Simbad e do Açor*[13], conto extraído das *Mil e Uma Noites*.

HISTÓRIA DO REI SIMBAD E DO AÇOR

Havia um rei persa que gostava de passear, se distrair e sair em caçadas. Ele havia educado um açor de quem não se separava nunca, nem de noite, nem de dia. À noite, ele o deixava trepado em seu pulso. Quando saía a caçar, o levava consigo. A ave carregava no pescoço uma caneca de ouro na qual o rei a fazia beber.

O treinador de açores do monarca lhe diz um dia:

– Senhor, chegou o momento de partir para a caça.

Simbad se preparou, pegou o açor em seu punho e partiu. O grupo chegou em um vale cujo acesso foi fechado e uma gazela logo foi cercada pelos caçadores.

---

13. *Les milles et une nuits. Contes choisis I.* Paris, Gallimard, 1991, pp. 86-87. Este e os demais textos foram traduzidos pela autora.

72 ENTRE O MEDITERRÂNEO E O ATLÂNTICO, UMA AVENTURA TEATRAL

– *Eu matarei qualquer pessoa que deixar escapar esse animal! Gritou o soberano.*

O círculo de caçadores se fechou em torno da gazela que se precipitou justamente em direção ao rei. Ela se ergueu sobre as patas traseiras, dobrou as patas da frente sobre seu peito e se inclinou como se se prostrasse. O rei se abaixou, permitindo à gazela saltar sobre ele e fugir. Ele olhou seus soldados e percebeu que eles davam piscadelas uns aos outros. Perguntou ao vizir o que significava aquilo.

– *Eles dizem que o Senhor havia prometido a morte a quem deixasse escapar a gazela.*

– *Por minha vida, respondeu Simbad, eu a perseguirei e a trarei de volta.*

Ele saltou no cavalo e se lançou sobre os traços do animal até o ter encontrado. O açor se arremessou sobre o animal, furou seus olhos e o fez parar. O rei se armou de um pau com o qual lhe desfechou um golpe que fez cair a gazela. Ele desceu do cavalo, cortou sua garganta, tirou sua pele e a amarrou à sua sela. Era meio-dia, fazia muito calor e o lugar estava deserto. Simbad procurou água em vão. Olhou em torno de si e viu uma árvore de cujo tronco brotava um líquido com aparência de manteiga derretida. O rei, que usava na mão uma luva de lâminas de ferro, pegou a caneca de ouro dependurada no pescoço do açor, a encheu desse líquido e se preparava para bebê-lo. A ave se precipitou e derrubou a caneca. Simbad a encheu mais uma vez e a colocou na frente da ave pensando que ela estava com sede. Mas o açor a derrubou uma segunda vez. O rei ficou furioso, pegou de novo a caneca, encheu-a uma terceira vez e a mostrou ao seu cavalo. O açor se precipitou e a derrubou com um golpe de asa.

– *Que Deus te castigue, ave de mau agouro, criou Simbad. Você me impediu de beber, você se impediu de beber e você impede o cavalo de beber.*

Pegou sua espada e, atingindo o açor, cortou-lhe as asas. A ave levantou a cabeça como se quisesse mostrar o alto da árvore. O soberano levantou os olhos e percebeu uma víbora cujo veneno escorria ao longo do tronco. Ele ficou aterrado de ter cortado as asas de seu açor. Montou novamente em seu cavalo e, segurando a gazela, regressou ao local onde era aguardado pela sua comitiva. Jogou o animal aos pés de seu cozinheiro e lhe ordenou que o preparasse. Sentou-se em seguida, mantendo a ave apoiada sobre seu pulso, mas ela soluçou e morreu. O rei mergulhou na dor e no remorso por ter matado aquele açor que lhe havia salvo a vida. Aí está a história do Rei Simbad.

Os esforços de fazer coincidir o relato e a ação resultaram em frustração por parte dos membros do grupo; essa simultaneidade se revelava difícil de ser atingida e eles se deram conta de que a ilustração, tendendo à redundância, não os satisfazia.

O recurso à fabricação de imagens fixas, isoladas ou em série, ao condensar a situação a ser mostrada, revelou outros tipos de relação possível entre texto e ação, tais como a complementaridade ou a contradição.

DO TEXTO AO JOGO: DA ANÁLISE DA NARRATIVA AO DISCURSO TEATRAL   73

Foi o que ocorreu com a novela "Le palmier de Ouad Hamed" ("A Palmeira de Ouad Hamed")[14], do autor sudanês Tayeb Salih. Dentro dela se desdobram uma série de pequenas narrativas sobre a manutenção de tradições ancestrais no seio de uma população muçulmana na África negra. Os acontecimentos da fábula têm estreitas relações com a tradição dos marabus marroquinos, indivíduos considerados santos por terem sido agraciados com a *baraka*, dom especial que lhes dá poder de cura e de realização de previsões. O narrador é um habitante do vilarejo onde se passam os acontecimentos.

No início da independência, um funcionário veio nos ver e nos disse que o governo nacional tinha a intenção de construir um porto onde pararia o navio. E acrescentou que o governo queria nos ajudar e nos fazer evoluir. Ele estava exaltado e falava com o rosto brilhando. Em seguida olhou em torno de si e percebeu que os rostos não estavam de acordo com que ele dizia. Nós, meu filho, não viajamos muito, mas quando precisamos fazê-lo, viajamos de burro a tarde toda e depois pegamos o navio no porto do vilarejo vizinho. Já nos habituamos a isso, meu filho, ou melhor, é para isso que criamos os burros. Não é estranho que o funcionário não tenha visto no rosto dos homens sinais indicando que eles estivessem contentes com a notícia. Seu entusiasmo esfriou; ele estava todo atrapalhado. Depois de um momento de silêncio, alguém lhe perguntou: "Onde vai ser instalado o porto?" O funcionário lhe respondeu que havia apenas um local conveniente – e era o local da palmeira. Se naquele momento você tivesse trazido uma mulher nua, nua como quando era nenê, no meio desses homens, você não os teria surpreendido tanto quanto a frase do funcionário. Alguém se apressou em lhe dizer: "Mas o navio passa sempre aqui na quarta-feira. Se o senhor instalar um porto, ele vai acostar aqui na quarta-feira, na hora do 'asr'"[15]. O funcionário retrucou que a hora fixada para o acostamento do navio no porto iria ser quatro horas da tarde das quartas-feiras. O homem respondeu: "Mas é a hora que vamos visitar o túmulo de Ouad Hamed, perto da palmeira. Lá nós degolamos nossas oferendas, junto a nossas esposas e nossos filhos – é o que fazemos todas as semanas". O funcionário respondeu rindo: "Mudem então o dia da peregrinação". Se naquele momento o funcionário tivesse dito aos homens que eles eram todos bastardos, não teria provocado tanta ira quanto aquela frase. Eles ergueram-se como um único homem, irromperam contra ele e o teriam destruído se eu não interviesse: eu o arranquei das suas garras, o fiz montar em um burro e lhe disse: "Fuja". É assim que o barco continuou a não parar em nosso vilarejo. Quando éramos obrigados a viajar, continuamos a montar nos burros durante toda a tarde e a tomar o barco no vilarejo vizinho. Mas para nós era suficiente comparecer ao túmulo de Ouad Hamed, acompanhados de nossas esposas e de nossos filhos, e de degolar nossas oferendas todas as quartas-feiras, como faziam nossos pais e os pais de nossos pais antes de nós.

---

14. Em *Le serpent à plumes*, pp. 3-8.
15. Prece feita pelos muçulmanos no meio da tarde.

74 ENTRE O MEDITERRÂNEO E O ATLÂNTICO, UMA AVENTURA TEATRAL

O problema das ações cênicas foi resolvido com uma série de imagens. Solicitamos que a última passagem, "Mas para nós era suficiente..." até o final, fosse acompanhada de uma ou mais imagens fixas que, ao invés de ilustrar mimeticamente o texto, deveriam estabelecer com ele uma relação metafórica. Uma solução interessante foi encontrada pelos jogadores; uma seqüência de imagens fixas salientava os gestos que ritmavam o dia a dia dos personagens: por um lado, arar, cozinhar, limpar, por outro, rezar em torno da palmeira. Essa alternância, várias vezes retomada, sublinhava o aspecto repetitivo e mecânico daquele cotidiano. A precisão e a condensação que caracterizam os chamados *tableaux vivants* asseguravam a clareza da cena.

O mesmo texto serviu de base à solução de um problema colocado pela existência do coro dos habitantes do vilarejo. Cada um dos jogadores componentes daquele coro caracterizou um papel dentro do conjunto, mediante uma atividade: arar, cozinhar, limpar, entre outras. Quando emitiam o discurso direto dos habitantes, o diziam em uníssono, mostrando assim que havia um corpo social coeso, formado por pessoas individualmente caracterizadas por meio da ação.

Proposta semelhante de descoberta de ações que não ilustrassem mimeticamente, mas acrescentassem sentido ao texto, foi feita em relação a um fragmento de "Hmida, le brave 'msird' "[16], do argelino Ouassini Laredj.

A bala nas costas toma novas proporções. Ai, ai. Você tenta abrir os olhos com muita dificuldade. Você a sente, ela começa a roçar as paredes do seu coração, cujas batidas se enfraquecem. O rangido das pesadas portas de ferro invade sua cabeça. O ronco do velho surdo e mudo chega intermitente nas suas orelhas. Meu Deus. Grite. Grite Hmida, antes que seja tarde demais.

"Oh, gente boa. Minha boca está cheia de sangue. Estou sangrando. Ai. Ai. Ai."

A escuridão invade a sua cabeça. O vilarejo estremece na sua memória, como uma ave com as asas cortadas. As pessoas corajosas. O café do vilarejo. As partidas de "ronda". Coma ou você será comido. Dê para mim e você receberá.

El-Alia. Olhos marinhos nunca conspurcados pelos navios de comércio... O instante murcha...

Os belos rostos desmaiam...

Cortinas negras caem diante de seus olhos...

"Hmida, oh flor de laranjeira,

Entre os jovens, ele me parece especial..."

16. Em *Le serpent à plumes*, pp. 29-34.

DO TEXTO AO JOGO: DA ANÁLISE DA NARRATIVA AO DISCURSO TEATRAL   75

O personagem Hmida é ferido pela polícia, em decorrência de contrabando. O texto sugere que o caminho da contravenção fora por ele escolhido em função do seu desejo de escapar a condições materiais degradantes. Um dos jogadores respondeu à proposta executando ações que remetiam a tentativas do personagem de alçar vôo. Ação e texto, operando paralelamente, abriam novo leque de significados para o público.

Muitas das pistas sugeridas aos jogadores para que formulassem ações que fossem além da simples reiteração textual eram encontradas dentro do próprio texto literário.

Na mesma passagem de "Hmida", aparece a expressão *parties de ronda*, que nos surpreendeu, por não ser compreensível em francês. Um dos jogadores sabia que, em espanhol, o termo designa um jogo de cartas. Surgiu, assim, a sugestão de que os diferentes narradores jogassem baralho dentro da improvisação, o que acabou se configurando como determinante no clima alcançado.

Na passagem já citada de "A Palmeira de Ouad Hamed", a solicitação para que tornassem palpáveis no nível da ação dramática, *ergueram-se* e *irromperam*, dois verbos presentes no texto, contribuiu para a intensidade do jogo.

Os lugares apontados no interior do texto foram a base da experimentação feita a partir de "Primeira Lição", capítulo de *O Tempo dos Erros* do marroquino, várias vezes censurado, Mohamed Choukri, conforme mostrará o detalhamento que faremos mais adiante, neste mesmo capítulo.

Outras pistas foram empregadas para o estabelecimento de pólos que norteassem a criação de ações em um trecho de *A Noite Sagrada*[17] de Tahar Ben Jelloun.

percebi o Cônsul entrar na cozinha. Levantei-me. Com a mão, ele me fez sinal para eu sentar. Fiquei imóvel no meu lugar. Ele preparava um chá de hortelã. Suas mãos conheciam o lugar de cada coisa. Elas não vacilavam, não procuravam, mas iam diretamente em direção ao objeto. Uma vez o bule pronto, ele me diz:

– Você pode, por favor, colocar água para esquentar?

Ele nunca tocava o fogo. Quando a água ferveu, ele se levantou e a verteu no bule. Apagou o gás e deixou descansar o chá. Ao sentar-se, ele me diz:

– Esse chá não vai ser muito bom. Me desculpe. A hortelã não está fresca. Esqueceram de comprá-la... Agora você pode servir.

Bebemos o chá em silêncio. O Cônsul parecia contente. Ele me diz:

– Não é a hora do chá, mas eu tive desejo de chá, assim; então eu vim.

17. *La nuit sacrée*, pp. 77-79.

76 ENTRE O MEDITERRÂNEO E O ATLÂNTICO, UMA AVENTURA TEATRAL

Espero não estar incomodando. Eu teria podido mandar trazer um copo de chá no café da esquina, mas estava com vontade de tomá-lo aqui.

Eu não sabia o que responder; ele me diz:

– Porque você está vermelha?

Coloquei as mãos sobre a face; ela estava quente; eu devia estar vermelha. Eu estava impressionada pela elegância e a graça de seus gestos. Eu não ousava olhá-lo; ele parecia ser dotado de um outro sentido que o informava diretamente. Distanciei-me um pouco e o observei. Não sei mais se ele era bonito, mas ele tinha, como se diz, uma presença; não, mais que isso...Ele era... Ele me intimidava.

Depois do chá ele se levantou:

– Eu preciso partir; as crianças são terríveis. Tento ensinar-lhes o Alcorão como eu o faria com uma bela poesia, mas eles fazem perguntas embaraçosas, do tipo: "É verdade que todos os cristãos vão para o inferno?" ou então: "Já que o Islã é a melhor das religiões, porque Deus esperou tanto tempo para difundi-la?" Como resposta, eu repito a questão erguendo os olhos em direção ao teto: "Porque o Islã chegou tão tarde?" Talvez você conheça a resposta?

– Já pensei nisso. Mas veja, eu sou como você, eu amo o Alcorão como uma magnífica poesia, e tenho horror daqueles que o exploram como parasitas e limitam a liberdade de pensamento. São uns hipócritas. Aliás o Alcorão fala deles...

– Sim, eu entendo... eu entendo...

A leitura do trecho revelou aos jogadores dois tipos de parâmetros presentes no discurso narrativo, que permitiriam uma exploração lúdica interessante. O primeiro é o eixo proximidade/distância entre os personagens. A sucessão das diferentes posições ocupadas pode ser uma diretriz para o exame das transformações da relação:

– cônsul de pé, narradora sentada;
– os dois de pé;
– os dois sentados;
– cônsul de pé, narradora sentada.

Outro parâmetro apontado é o dos objetos. O jogo sobre o desejo nascente entre os dois pode ser focalizado no contato de cada personagem com os objetos manipulados pelo outro; a cada toque, o objeto pode ser percebido como uma espécie de extensão do corpo do ente desejado.

O levantamento cuidadoso de todos os termos que dentro do texto designem um parâmetro que à primeira vista se anuncie como fértil – verbos, substantivos relativos a objetos, lugares, posições no espaço – pode se transformar em ponto de partida pleno de potencial para a realização da ação.

DO TEXTO AO JOGO: DA ANÁLISE DA NARRATIVA AO DISCURSO TEATRAL   77

Discurso Direto e Discurso Indireto

A presença do discurso indireto, no qual o narrador se manifesta no lugar dos personagens, assumindo sua visão dos acontecimentos, é um índice que traz à tona a dimensão do discurso, em oposição à da história, na terminologia de Todorov.

Embora se faça presente em passagens de determinadas manifestações teatrais como a tragédia ou o teatro épico, o discurso indireto caracteriza, antes de mais nada, as várias classes narrativas, como o mito, o romance, a epopéia etc., sejam de expressão oral ou escrita.

Nessa medida, por ser percebido como um parâmetro não teatral, ele tendeu a ser evitado e a ser transformado em discurso direto. Foi o que ocorreu, por exemplo, em relação ao jogo com a passagem citada de "A Palmeira de Ouad Hamed", no qual a ação estava em foco. Em duas ocasiões, o jogador que fazia o funcionário transformou em falas suas, ou seja, em discurso direto, passagens que, na origem, estavam expressas em discurso indireto: "o funcionário lhe respondeu que havia um único local conveniente – o da palmeira" e "o funcionário lhe retrucou que a hora fixada para o acostamento do navio no embarcadouro seria quatro horas da tarde das quartas-feiras". A emissão da fala pelo personagem em substituição ao narrador fez emergir, poderosa, a dimensão dramática, em alternância ao plano épico.

Como nossa intenção, no entanto, não era adaptar a narrativa para atender a preceitos dramatúrgicos, mas, ao contrário, tornar presente em cena a instância da narração, foi oportuno ressaltar o interesse do discurso indireto. Mesmo quando os personagens se manifestam diretamente no texto, é importante ter clareza sobre a não transparência da narração. A arte do contador de histórias, por exemplo, que reside justamente na passagem de um tipo de discurso a outro, faz emergir a relevância do próprio ato narrativo.

Essa preocupação em destacar a instância da narração esteve presente em um grupo de jogadores que se voltou para a oposição entre os dois tipos de discurso dentro do trecho já assinalado de *A Noite Sagrada*, narrado na primeira pessoa, pelo personagem feminino. Uma jogadora-narradora assumia o modo narrativo indireto, enquanto outra, jogadora-personagem, emitia o modo direto. O recurso permitiu colocar em destaque a vertente do discurso, oposta à da história. O personagem no texto nos é dado a conhecer através do narrador e o jogo teatral se propunha a não escamotear esse aspecto.

Nem sempre, no entanto, a diferenciação entre os dois discursos pode ser feita sem qualquer ambigüidade. Há situações em que índices normalmente empregados para destacar o discurso direto, como travessão ou aspas, deixam de estar presentes, suscitando novas operações por parte do leitor. Foi o que ocorreu em "Hmida", como ilustra a passagem seguinte:

78 ENTRE O MEDITERRÂNEO E O ATLÂNTICO, UMA AVENTURA TEATRAL

Sua mãe lhe havia bem dito... Você é um demônio e você me cansa. Se você não morrer de uma crise cardíaca, vai ser morto por uma bala perdida. A vidente o repetia também freqüentemente. E aí está você, agora, carne fresca para os revólveres e as metralhadoras que rasgavam as sombras e esmagavam as esperanças dos pobres... Você estava estendido de costas no carro... A estrada de Oran é longa... E quando você ouviu um barulho suspeito, você teve medo... Mas tudo aconteceu tão depressa, no meio dessa escuridão repentina que não lhe permitiu descobrir as formas assustadoras. Pare. O carro não pára... Pare, pelo Senhor. O carro se chocou contra a barreira. Meu Deus, pare. O carro uiva como um lobo. Pare. Ele não pára. A pólvora. Os dias de guerra voltavam, habitados pelo ronco dos canhões. Pare... Ai... A bala se alojou nas suas costas.

Jogar essa passagem exige desembaraçar o discurso direto do discurso indireto. O imperativo *pare* diz respeito à fala-chave de Hmida, pedindo ao motorista do carro em que viajava para que freasse diante da barreira policial. Um dos interesses de *Hmida* é exatamente o de exigir do leitor uma atitude ativa para ordenar fragmentos não só dispostos em desordem cronológica, como também impregnados de diferentes pontos de vista.

Local da Narração

Duas ocorrências básicas foram comparadas: presença exclusiva da voz (ao vivo) do narrador, em oposição à presença do corpo e da voz. Quando se expõe fisicamente diante do público, o jogador-narrador se defronta com todas as questões da atuação teatral; seu corpo passa a significar, tanto quanto significam os corpos dos jogadores-personagens. As variações de seu olhar, sua movimentação, a qualidade da concentração, a diversidade da emissão vocal, não podem deixar de ser lidos e interpretados pela platéia.

Experimentamos três variações sobre a posição ocupada pelo narrador em relação ao espaço lúdico.

A primeira consistia em um narrador exterior à área do jogo. O olhar da platéia era delimitado pelo âmbito da ação dos jogadores-personagens. Embora o narrador estivesse visível, sua exclusão do espaço lúdico fazia com que a história narrada fosse apreendida quase como algo que existisse "por si mesma"; ele não era visto como gerador da ficção. A tendência dos jogadores presentes na platéia era ignorar ou minimizar a instância narrativa.

A presença do narrador no limiar entre o espaço do jogo e o do não-jogo, foi uma subcategoria a princípio percebida como pouco pertinente. Inicialmente, essa localização chegou mesmo a incomodar alguns jogadores-narradores, que tiveram dificuldade em se manter nesse limite estreito. Com a continuidade do processo, porém, os participantes passaram a manifestar outro ponto de vista. Segundo eles,

DO TEXTO AO JOGO: DA ANÁLISE DA NARRATIVA AO DISCURSO TEATRAL   79

a instalação no limiar pode permitir jogar com uma certa tensão inerente ao "estar entre" e, no caso do narrador onisciente, possibilita tornar concreta a ambivalência entre o domínio do que é exposto e a não participação nos acontecimentos narrados.

Nas circunstâncias do processo experimentado, foi ao se instalar dentro da área de jogo que a narração conquistou sua inserção mais efetiva. Quando mesclado aos personagens, o narrador teve tendência a tomar partido, eventualmente a agir e até a assumir o discurso direto de algum personagem esporádico.

Foi o que ocorreu, por exemplo, em *História do Rei Simbad e do Açor*. Ao dizer "fazia muito calor e o lugar estava deserto", o jogador mostrou que ele, narrador, sofria na pele os efeitos daquele clima. Coube a ele, dentro da área lúdica, assumir o discurso direto de dois personagens, o treinador de açores e o vizir – ambos têm em comum uma aparição relâmpago, a serviço exclusivo do desenvolvimento da trama.

Em uma bela passagem do romance *A Criança de Areia* de Tahar Ben Jelloun, o narrador ocupa, de modo significativo, duas posições sucessivas.

É uma mulher, provavelmente árabe, em todo caso, de cultura islâmica, que um dia se apresentou a mim, recomendada, me parece, por um amigo de quem eu não tinha notícias há muito tempo. Na época eu ainda não era cego; minha vista declinava muito e tudo me parecia embaçado e sombreado. Não posso, portanto, descrever o rosto dessa mulher. Sei que ela era magra e usava um vestido comprido. Mas o que eu me lembro muito bem e que tinha me impressionado, era a sua voz. Raramente ouvi uma voz tão grave e aguda ao mesmo tempo. Voz de homem que teria sofrido uma operação nas cordas vocais? Voz de mulher ferida para sempre? Voz de um castrado envelhecido antes da época? Tinha a impressão de já ter ouvido essa voz em um dos livros que havia lido. Era, eu acho, num dos contos das Mil e uma Noites, a história dessa empregada chamada Tawaddud que, para salvar seu patrão da falência, lhe propôs comparecer diante do califa Hârûn al-Rachid para responder às questões mais difíceis dos sábios – ela era dotada de um saber universal –, o que permitiria a seu proprietário, em caso de sucesso total, vendê-la ao califa por dez mil dinares. Ela saiu vitoriosa da prova. Hârûn al-Rachid aceitou Tawaddud e seu mestre em sua corte e os gratificou com muitos milhares de dinares.

É um conto sobre a ciência e a memória. Gostei dessa história porque até eu estava seduzido pelo saber dessa empregada e invejoso de seu rigor e de sua acuidade.

Atualmente, estou quase certo: a mulher que me visitou tinha a voz de Tawaddud. E no entanto séculos as separam! A empregada só tinha catorze anos, a mulher era mais velha. Mas tudo isso é só coincidência e acaso. Esqueci o que ela me disse. Na realidade eu não a escutava, mas ouvia a sua voz.

80 ENTRE O MEDITERRÂNEO E O ATLÂNTICO, UMA AVENTURA TEATRAL

Ao narrar, na primeira pessoa, o relato mais amplo que enquadra o outro, o narrador permanece no limiar entre o jogo e o não-jogo. Quando a narrativa se desloca para a história de Tawaddud, sua posição se modifica; ele passa a ocupar o interior da área do jogo. A partir de "É um conto sobre a ciência e a memória", ele volta para a disposição espacial do início. Se a história dentro da história faz referência às *Mil e Uma Noites*, a citação vai ainda mais longe, na medida em que a abordagem lúdica do trecho em questão espelha a própria estrutura narrativa *em abismo* daquela obra.

Um dos méritos da problematização da ocupação do espaço pelo narrador, foi o de obrigar os participantes a se deterem mais na relação espacial entre os jogadores e a platéia, e a sugerir disposições espaciais que fizessem variar essa relação.

Relação entre o Número de Jogadores e a Narração

Freqüentemente em teatro, a função narrativa é reservada a um único ator. Em nosso trabalho experimentamos uma modalidade particular para a relação entre o jogador e o papel: vários jogadores assumiam a narração, na perspectiva de colocar em evidência essa instância, preponderante no texto literário.

Em várias ocasiões, diferentes jogadores assumiam sucessivamente o papel do narrador. O momento da troca entre eles correspondia sempre a um olhar que o jogador em atuação lançava ao jogador que encadearia a narração em seguida. Tal prática era uma constante em nossa oficina, a ponto de ser empregada também na comunicação oral de textos com outras finalidades, tais como os protocolos de pesquisa, por exemplo.

Um dos subgrupos que jogou "Primeira Lição", texto já mencionado, tinha como proposta distribuir a narração entre vários jogadores. Quatro participantes se revezaram – valendo-se do olhar como referência durante a troca – para assumir o narrador na primeira pessoa. Um deles escolheu manter-se atrás do público, de maneira a ser apenas ouvido; outro permanecia no limiar entre o espaço lúdico e o espaço da platéia. Dois outros se inseriram dentro da área do jogo: um ocupava exclusivamente o espaço que remetia à escola, enquanto o último passeava entre a escola e o *bas-fond*. A não identificação entre a função e o jogador contribui para colocar em destaque o ponto de vista particular a partir do qual a história é comunicada.

A narração pode também ser realizada simultaneamente, por vários jogadores, no seu conjunto ou em parte, como ocorreu com o fragmento final de *Hmida*:

Nota marginal:

Em uma triste manhã, o carcereiro acabou acordando. Levaram à cabe-

DO TEXTO AO JOGO: DA ANÁLISE DA NARRATIVA AO DISCURSO TEATRAL

ceira do doente um médico estrangeiro, especializado nesse gênero de ferimentos purulentos. Num dos cantos da cela, de onde emanavam odores de rato, de cadáver decomposto e urina, depararam-se com o rosto de um bravo homem, que tinha plantado suas unhas no cimento fresco e na terra negra. Uma gota de sangue tinha secado sobre seu lábio inferior. Ele estava frio como um pedaço de gelo que tivesse combatido o calor do sol incandescente. Entre seus dedos jazia um balde de ferro, agarrado com violência. Restos de velho fumo barato estavam mesclados à terra. E a foto de uma menina, cujos olhos eram uma floresta nunca domada.

Os trechos: "uma gota de sangue tinha secado sobre seu lábio inferior", "ele estava frio como um pedaço de gelo que tivesse combatido o calor do sol incandescente" e "e a foto de uma menina, cujos olhos eram uma floresta nunca domada" foram selecionados pelos participantes como os mais relevantes e ditos pelos três narradores ao mesmo tempo. Tal seleção valorizou, ao que tudo indica, as frases mais nitidamente marcadas por um caráter sensorial e poético.

No final do processo, o grupo trabalhava com a questão dos critérios que poderiam nortear a escolha de uma ou outra modalidade de narração coletiva numa dada situação de jogo.

Olhar do Narrador

O compromisso do narrador é estabelecido com os personagens que faz existir, ou com a platéia à qual dirige seu relato? Três respostas foram experimentadas a partir das direções que podem ser tomadas pelo seu olhar.

Há situações em que o narrador privilegia a relação com o público; o seu olhar é tanto emissor quanto receptor nessa comunicação. O jogo, por assim dizer, parece prescindir de sua atuação.

Em outros casos, seu olhar se dirige para a área de jogo, englobando jogadores, espaço, objetos, de modo a realçar o vínculo entre sua atuação e a situação narrada. Por vezes é seu olhar que, ao se voltar para o espaço vazio, estabelece o lugar em que se encontra o objeto imaginário, a ser respeitado pelos outros jogadores, na seqüência. Foi o que ocorreu com a definição do local da palmeira em um dos grupos que jogou "A Palmeira de Ouad Hamed": o olhar do narrador "instalou" a palmeira em um ponto preciso do espaço cênico, posteriormente mantido pelos demais jogadores. Em outras ocasiões, o modo de olhar aquilo que ocorre no espaço lúdico denota a apreciação do narrador sobre o que se desenrola. Fica assegurada, assim, sua função de instaurador e condutor do mundo imaginário.

Uma vez que tomaram consciência da importância do olhar de quem conta, os participantes seguidamente passaram a alterná-lo entre o espaço lúdico e a platéia, com o propósito de evidenciar que o desti-

82 ENTRE O MEDITERRÂNEO E O ATLÂNTICO, UMA AVENTURA TEATRAL

natário da criação daquele mundo fictício era o público. Evidencia-se aqui um maior envolvimento do narrador com a matéria narrada; abre-se passagem para o comentário e a crítica.

Desempenho do Narrador

Ao longo das avaliações, o grupo foi percebendo que, ao se instalar no espaço lúdico, o narrador não está necessariamente condenado a uma pretensa "neutralidade narrativa" e que seria interessante se, além de se locomover, pudesse também realizar ações junto aos personagens. Assim sendo, alguns dos jogos incluíram sistematicamente essa proposta aos jogadores-narradores.

Entre os exemplos de ações realizadas pelo narrador, citamos dois: ambos têm em comum o fato de terem emergido do próprio texto narrado.

Em "A Palmeira de Ouad Hamed" há uma passagem na qual cabe ao contador a responsabilidade de salvar da ira popular o funcionário hostilizado pelo desprezo às tradições locais. As falas "eles o teriam destruído se eu não interviesse: eu o arranquei de suas garras, o fiz montar num burro e lhe disse: 'Fuja'", foram ditas com mais volume e num ritmo mais lento do que as demais. Enquanto eram pronunciadas, o narrador, paralelamente, executava aquilo que mencionava. A ocupação simultânea da esfera do épico através da fala e a do dramático, através da ação, conduz ao rompimento da verossimilhança. O ato narrativo, que se reporta ao passado, se funde ao presente da representação dramática; dois fenômenos dicotômicos são mesclados, gerando uma teatralidade peculiar. Na continuidade do jogo, a população não aceita a atitude apaziguadora do narrador, que é obrigado a suspender por um momento o desenrolar da narração afim de resolver o conflito com o funcionário... O épico é abandonado em favor da ação dramática. A liberdade promovida pelo elemento lúdico resulta aqui numa exploração frutífera da passagem entre os dois registros.

O jogo de baralho presente num dos trechos de "Hmida" se revelou uma solução também muito interessante para o problema da ação cênica. Três narradores jogam cartas em torno de uma mesa; uma quarta cadeira apoiada sobre ela, com as pernas para cima, mostra que há um parceiro ausente. Um quarto jogador é Hmida, que tenta alçar vôo, percebendo logo em seguida o baque da queda e da ferida à bala. O trecho literário, em três exemplares, está depositado sobre a mesa; ao mesmo tempo que o lêem e o comunicam oralmente, os participantes do grupo passam entre si cartas de baralho criadas mediante significante imaginário e, nos momentos em que a narrativa atinge pontos culminantes, batem essas cartas com força sobre o móvel. Um jogador (que se alterna) diz uma ou duas frases, cujo final é retomado em forma de eco pelos outros dois. As falas são assim estiradas de modo sustentado e o efeito é eloqüente: o clima de partida de baralho é surpreendente. Ao estabelecer um contraste com a dramaticidade dos acontecimentos narrados, a atmosfera criada leva o público a degustar, de modo sensorial, as falas e a se deter na consideração do drama de Hmida. No final, quando o personagem morre, são os três contadores que recolhem seu corpo, retirando-o da área do jogo teatral.

Relação entre o Número de Jogadores e o Número de Personagens

As proposições de jogo que pretendiam examinar essa relação tinham como pressuposto a não identificação entre quem representa (jogador) e o que ele representa (personagem). Esse pressuposto recobre os próprios princípios do jogo teatral: uma abordagem mais lúdica do que mimética do enredo, a ênfase no aspecto grupal da experiência em oposição ao culto do estrelato, e, como decorrência, o trânsito possível de todos os jogadores através de todos os personagens.

Um primeiro ponto importante concerne à seleção dos personagens a serem jogados, em relação àqueles que seriam somente referidos. Em um dos jogos sobre a *História do Rei Simbad e do Açor*, o ponto de partida não estipulava quantos personagens poderiam ser figurados. Essa escolha, contudo, se impunha, pois, propositadamente, o pequeno número de jogadores acarretava que alguns dos personagens provavelmente fossem apenas referidos, sem terem existência concreta em cena. Tínhamos intenção de trazer à luz o problema da necessária seleção dos personagens que deixariam de ser apenas seres de papel, passando a ter existência lúdica. Um dos subgrupos optou por uma saída surpreendente, uma vez que o cavalo, personagem não muito relevante no enredo, foi especialmente realçado. Tornado presente por meio de uma movimentação detalhada, de sons diferenciados e de grande concentração do jogador, o cavalo acabou sendo o pólo aglutinador da cena (ver foto 9). A dinâmica do jogo pode, por si mesma, ocasionar deslocamentos na ênfase dada a personagens ou a situações, ao longo das trajetórias que conduzem do texto à cena.

De modo conexo à seleção dos personagens com existência concreta em cena, se configura a relação entre jogadores e personagens. Um número x de personagens pode ser jogado por um diferente número de jogadores, o que implica, evidentemente, diversas soluções de jogo cujo grau de interesse pode ser variável.

Essa experiência foi feita com a formulação de imagens a partir também da *História do Rei Simbad e do Açor*, relativas à passagem em que o rei está apoiado na árvore na qual surge a serpente. Diferentes soluções cênicas foram encontradas em jogos envolvendo um grupo de dois, um de três e outro de quatro jogadores. Na situação com três jogadores, como era de se esperar, cada um assumiu um personagem: a serpente, a árvore e o rei. A mais econômica das soluções, que agru-

Foto 9: O cavalo e a gazela.

pava apenas dois participantes, mostrava a serpente surgindo ameaçadoramente por meio do movimento do braço e de uma das mãos do jogador-árvore. Quando a distribuição foi feita entre quatro jogadores, dois deles se reuniram para fazer a copa da árvore.

Essa flexibilidade na relação entre o número de jogadores e o número de personagens constitui uma riqueza fundamental no processo de desenvolvimento da capacidade de jogo. Aquela visão tradicional de um tipo de teatro, segundo a qual cada papel deve ser preenchido por um ator cujas características físicas, de preferência, correspondam o mais possível às do personagem, é assim profundamente questionada. Ela passa a ser considerada como apenas uma entre as múltiplas possibilidades de representação.

O fato de um jogador viver vários personagens era familiar aos membros da oficina e essa solução chegou a ser realizada em nossos jogos antes mesmo que tivéssemos feito propostas precisas nesse sentido. A passagem de *A Criança de Areia*, por nós apontada, foi a base de um jogo teatral proposto por um subgrupo, no qual a mesma jogadora seria Tawaddud e a mulher que visita o narrador. A superposição entre os dois personagens, salientada no texto de Jelloun, seria assim reforçada pela jogadora única.

Já o procedimento inverso, a saber, múltiplos jogadores fazendo um único personagem, era inteiramente inédito para eles. O exemplo do texto de Choukri, detalhado a seguir, é revelador nesse sentido. Além da realização dos jogos propriamente dita, uma referência à experiência do Teatro de Arena de São Paulo, no que se refere à multiplicação de atores para um mesmo personagem, contribuiu para contextualizar a questão que estávamos tratando.

Dentro dessa linha de experimentação, uma ênfase especial foi dada à relação entre dois jogadores e um só personagem. Vários critérios foram apresentados como base para essa duplicidade. O primeiro deles foi proposto como problema de jogo pela coordenação da oficina; os demais surgiram dos próprios participantes, como decorrência das descobertas com o primeiro.

O desdobramento do mesmo personagem entre um jogador que faz a fala e outro que faz a ação, inspirado em formas tradicionais de teatro de bonecos, foi sugerido aos participantes, na medida em que alude ao problema central da transposição do relato para a cena. Um pequeno trecho de *Hmida* orientou a experimentação:

> *Eu não queria fugir para ficar rico, eu tentei obrigar o motorista a parar o carro porque tive medo de morrer sem razão. Eu não era um contrabandista acabado de armas e de ópio, é por isso que a bala se alojou em meu corpo.*

Entre as diferentes duplas que experimentaram o jogo, pudemos detectar dois tipos de solução. Uma delas consistia na presença de um jogador agindo no espaço lúdico, enquanto outro, invisível, emprestava sua voz *off* ao personagem. Esse tipo de solução tendeu a não satisfazer o grupo, na medida em que o jogador que faz a voz se confunde com um narrador, dada a ausência de seu corpo aos olhos do público.

Só é possível ter a percepção que os dois jogadores compõem um mesmo personagem, quando o jogador encarregado da fala se faz presente na área de jogo. No caso inverso, a platéia tende a considerá-lo mais como narrador do que como faceta de um personagem. (N. B., ENS)

As soluções consideradas mais ricas tinham em comum a co-presença de ambos os jogadores. Três exemplos podem ilustrá-las:

86 ENTRE O MEDITERRÂNEO E O ATLÂNTICO, UMA AVENTURA TEATRAL

a) Dois jogadores se deslocam; um corpo está colado ao outro; um emite a fala e outro age, mexendo os lábios como se fosse uma dublagem. O fato de os corpos permanecerem unidos o tempo todo evidencia a unidade do personagem;

b) Um jogador, dentro da área lúdica, comunica oralmente o texto e faz os sons relativos ao carro, mantendo o olhar e o corpo voltados para o segundo jogador, próximo a si. O segundo jogador age, mostrando a dor e "dublando" as falas, voltado para o público. É a fala de um jogador que mobiliza a ação do outro. Enquanto comunica o trecho, o rosto do primeiro mostra (involuntariamente, segundo declaração posterior) os sinais de sofrimento devidos à situação do personagem. Verifica-se, por assim dizer, uma contaminação da emissão vocal pela força do elemento dramático;

c) Um jogador narra, enquanto o outro age, tendo uma echarpe vermelha em torno do peito, significante da ferida. As funções se invertem, mediante a passagem da echarpe: o primeiro a enrola em torno do corpo e passa a agir, enquanto o outro assume a narração.

A dissociação entre fala e ação foi vivida em termos de um procedimento não-ilusionista que remete a uma teatralidade, por assim dizer, explicitada. O funcionamento da linguagem teatral é como que exposto e desvelado para a platéia. A partir dessa vivência acabaram se forjando outras modalidades da divisão de um personagem entre dois jogadores. Seguem exemplos de jogos teatrais cujo foco, relativo a esse problema, foi formulado pelos próprios participantes.

a) O ponto de partida é uma passagem importante de "Hmida", na qual ele é atraído para o contrabando:

Um desses que havia passado anos de vacas magras com você no vilarejo, tinha perguntado um dia:
"Por que você não tenta a sorte, Hmida? A miséria é dura, meu irmão.
– Eu sou um homem modesto. Tenho medo do contrabando. Tenho medo de todas essas coisas bonitas que matam rapidamente.
– Tente e você vai ver. A miséria ensina a morte e a vida.
– E as crianças, meu amigo?
– Do mesmo modo que você cresceu, eles também vão crescer".

O foco proposto pelos participantes foi desdobrar Hmida em dois jogadores, de modo a salientar sua duplicidade. O primeiro jogador, que se movimenta engatinhando, é a porção hesitante e medrosa de Hmida. O segundo, uma mulher sentada sobre o primeiro, é a porção ambiciosa, sedenta de ascensão social do mesmo personagem (ver foto 10). O interlocutor, por sua vez, lhe dirige a palavra enquanto se barbeia diante de um espelho (ver foto 11). O lado ambicioso de Hmida se identifica com a imagem do interlocutor,

Foto 10: Quatro jogadores e dois personagens.

Foto 11: Reflexo no espelho.

88 ENTRE O MEDITERRÂNEO E O ATLÂNTICO, UMA AVENTURA TEATRAL

homem de sucesso, refletida no espelho e se sente atraído pelas conquistas prenunciadas.

O desdobramento aqui tem uma função relevante na explicitação do conflito interno de Hmida. Por meio do jogo, todos nós – jogadores e platéia – avançamos na compreensão do personagem;

b) A partir da passagem conhecida de *A Noite Sagrada*, o personagem masculino "Cônsul", que é um cego portador de uma sensibilidade extraordinária, a ponto de "ver" o que os saudáveis não conseguem perceber, foi desdobrado em duas vertentes, vividas por dois jogadores colados um ao outro. Uma, assumida por um primeiro jogador, remetia ao aspecto cego "real" e aparente do personagem; outra, realizada por outro jogador, revelava seu aspecto clarividente, sua intuição poderosa;

c) Tawaddud e a mulher que visita o narrador foram realizadas por duas jogadoras diferentes, mas, em meio à narração elas deveriam emitir, juntas, a voz que tanto seduz o contador, por meio da dicção de um poema ou de um canto, em árabe. A fusão das vozes das duas jogadoras tornou-se o significante do amálgama operado pelo narrador entre os dois personagens.

Essas diferentes modalidades lúdicas que têm em comum a não-identificação entre jogador e personagem apresentam o mérito de expor, de modo concreto, complexidades e contradições que constituem a riqueza dos personagens de ficção.

Nas diversas situações de jogo, em nenhum momento se pretendeu que os textos fossem decorados; eles permaneciam sempre na mão dos jogadores, de modo que a memorização não constituísse dificuldade. A peculiaridade do ato de jogar com o texto diante dos olhos foi de imediato percebida como uma continuidade do mesmo procedimento empregado nos jogos de apropriação. Sua finalidade é, sobretudo, permitir explorar a matéria textual sem planejamento outro que não seja o estabelecimento das regras do jogo, o que possibilita a descoberta, pelos jogadores e pela platéia, de múltiplos sentidos no trecho literário.

Ao longo do processo nos valemos de um procedimento que mostrou suas vantagens. Sempre que, dentro da mesma sessão de oficina, diferentes problemas de atuação eram trabalhados por diferentes subgrupos, as propostas dirigidas a cada um deles eram distribuídas por escrito e conhecidas por todos. O conceito de experimentação é assim reforçado; todos conhecem os desafios de todos, o que permite a avaliação coletiva. Na medida em que os problemas de jogo envolvem a totalidade dos participantes, aumenta a responsabilidade do público depois das improvisações. Estão reunidas as condições para que as sugestões feitas pelos observadores possam ser testadas em uma retomada do jogo.

No que concerne a essas retomadas, verificou-se que geravam satisfação e, por isso mesmo, eram regularmente solicitadas. A possibilidade de avançar na abordagem da linguagem teatral, mantendo o frescor do jogo, interessava aos estudantes. Entre as soluções que foram fruto de uma retomada de jogo a partir de sugestões da platéia, cabe mencionar:

– A precisão da narração simultânea e sucessiva entre os narradores que jogam baralho em "Hmida";
– A substituição de uma echarpe *pied de poule* vermelho vivo e branco, símbolo da Palestina, por outra, lisa, vermelho escuro, como significante do sangue de Hmida (ver foto 12);
– A posição central ocupada pela palmeira imaginária, eixo da ação dramática em "A Palmeira de Ouad Hamed".

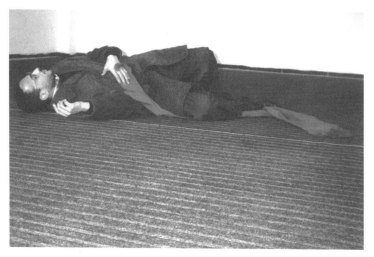

Foto 12: *Sangue derramado.*

O colorido da emissão sonora permanece como uma das principais dimensões a serem trabalhadas nessa trajetória do texto ao jogo. A ênfase nos elementos paralingüísticos constitui uma real necessidade para a conquista do prazer do jogo. Nesse sentido, mesmo que o progresso tenha sido visível, o grupo da Escola Normal teria ainda um vasto caminho a percorrer para uma exploração mais depurada e diversificada da materialidade sonora.

UM EXEMPLO DE JOGO

As menções repetidas aos mesmos textos mostram que cada um deles dava margem à exploração de várias categorias-problema. O pre-

90 ENTRE O MEDITERRÂNEO E O ATLÂNTICO, UMA AVENTURA TEATRAL

sente eixo de exposição dos resultados, no entanto, aponta uma lacuna: a descrição da totalidade do jogo teatral. Assim sendo, com a finalidade de complementar a abordagem feita até aqui, lançamos mão de um outro recorte, o das descobertas possibilitadas pelo jogo teatral a partir de "Primeira Lição"[18], capítulo de *O Tempo dos Erros*, de Mohamed Choukri.

– Si Mohammed, esse rapaz vai se juntar aos seus alunos.
Ele sai. Na soleira, os dois homens falam. De mim, sem dúvida. O diretor deve querer me colocar à prova. Alguns dias mais tarde ele poderia bem me dizer: "Você não pode mais assistir às lições. Será preferível que você volte a Tânger". Ouço murmurar os alunos atrás de mim. Vejo alguns deles que me olham com curiosidade. Tenho a impressão de me encolher. É a primeira vez em minha vida que me deparo com mais de quarenta indivíduos que me examinam dos pés à cabeça. Observo a presença de alunos da mesma idade que eu, mas eles sabem ler e escrever. Eles copiam nos cadernos a lição escrita no quadro. Logo depois eu ficaria sabendo que eles vinham do campo.
O professor entra e me faz sentar na fileira do meio, ao lado do menor da classe. Lanço um olhar à minha direita. As quatro meninas sentadas na primeira fileira têm os seios bem redondos.
– Aqui está o novo colega de vocês, diz o professor. Tenham a gentileza de ajudá-lo, se ele tiver necessidade.
Eles me encaram e cochicham mais ainda. O professor bate em sua mesa com uma régua. Eles se calam. A maioria dos alunos está de djellaba[19]. Alguns ainda me observam com surpresa. Distingo rapidamente os que vêm da cidade e os que vêm do campo.
Eles copiam a lição escrita no quadro. De que se trata? Meu caderno e minha caneta colocados à minha frente, parto à descoberta da primeira lição. Vejo os símbolos do mundo aparecerem na ponta dos dedos do meu vizinho, preencherem a página de seu caderno. Minha página continua branca. Observo os que me cercam escreverem, fascinado pela sua velocidade. O diretor vai deixar que eu me instrua como eles? Se ele me mandar embora, terei que voltar a Tânger com os profissionais do vício. E nunca aprenderei a decifrar esse mundo através de seus símbolos. É para isso que vim aqui.
Quero ficar, me instruir. Um dia, em Tânger, alguém me disse: "A vida verdadeira, é preciso buscá-la nos livros".
O professor anda lentamente entre as fileiras e, sem parar, observa os alunos enquanto escrevem. É um homem calmo, delicado, que visivelmente nunca se confrontou com o mundo dos vadios. Ele se inclina sobre meu caderno aberto, escreve uma palavra no início de cada linha da segunda página, pronunciando-a em voz baixa. Ele me pede para copiá-las várias vezes, até que eu chegue no final da linha. Meu pequeno vizinho, franzino e simpático, me observa em segredo enquanto eu me esforço em traçar as letras. Ele segue com os olhos minha mão que treme. Seu olhar me perturba, fico cada vez mais tenso.

18. "Première leçon", em *Le temps des erreurs*, pp. 21-23.
19. Túnica tradicional usada por homens e mulheres.

DO TEXTO AO JOGO: DA ANÁLISE DA NARRATIVA AO DISCURSO TEATRAL   91

Dois dias mais tarde ficaria sabendo que estou no terceiro ano primário. Minhas três linhas preenchidas, cruzo os braços e levanto os olhos em direção ao professor que continua a observar os alunos. Alguns já transcreveram toda a lição. Ele se aproxima de mim, dá uma olhada em minha obra. – Muito bem! Inch'Allah[20] logo você vai fazer muito melhor.

Ele pede a meu vizinho para escrever outras palavras em meu caderno para que eu as copie. Os alunos recomeçam a cochichar. O professor se endireita e lança um olhar circular sobre a classe. Silêncio. Pela vivacidade e dedicação de meu vizinho, entendo que ele está contente em me ajudar. O nível de meus conhecimentos é dos mais baixos, me dou conta. Só conheço algumas letras que Hamid me ensinou em Tânger. De repente me sinto triste, culpado. Meu lugar não é aqui. Venho da tribo dos sátiros, dos piratas, dos contrabandistas e das putas.Tenho a impressão de sujar um lugar sagrado. Mas, quem sabe, há talvez uma criança sarnenta no meio desses alunos? Essa suposição me consola. Nesse caso, só posso estar num lugar de purificação. Se eles não tivessem vindo aqui, teriam tido o mesmo destino que eu. Uma hipótese inverificável, eu sei, mas uma boa defesa, porque minha tristeza desaparece.

Defronto-me com o problema: ficar aqui ou voltar a Tânger. O lodaçal pútrido me espera, lá e em todos os lugares. Ficarei aqui a qualquer preço.

Meu colega de classe escreve algumas palavras no meu caderno, pronunciando-as em voz baixa, como o professor. Eu lhe agradeço e retomo minha aprendizagem, os dedos sempre tremendo. Esforço-me em imitar sua bela caligrafia. Daí em diante eu aprenderia muito mais com meus colegas de classe do que com meus professores.

Os problemas propostos eram:

- Ação teatral não redundante em relação ao texto. Pista sugerida: os lugares apontados no texto;
- Vários jogadores para um só personagem;
- Um narrador emitindo o discurso direto e três outros emitindo o discurso indireto.

Um levantamento dos lugares citados no texto apontou como resultado: Tânger, soleira, fileira do meio, entre as fileiras, lugar sagrado, lugar de purificação. A situação de jogo formulada se baseou em um dispositivo simples: duas mesas retangulares dispostas de modo paralelo, perpendicularmente à platéia, uma no centro da área de jogo, outra à sua extrema esquerda. A área da direita é o espaço de Tânger, com seus drogados, piratas e prostitutas. A mesa colocada no centro é uma espécie de arco do triunfo difícil de atravessar, um limiar que conduz ao lugar sagrado, de purificação, que é a escola, representada pelo espaço sob a mesa da esquerda, entre o tampo e o solo. Enquanto os narradores transmitem o texto, cinco jogadores, reunidos à direita, fazem ações que remetem ao *bas-fond* de onde pro-

---

20. Em árabe no texto francês; a expressão significa "se Deus quiser".

92 ENTRE O MEDITERRÂNEO E O ATLÂNTICO, UMA AVENTURA TEATRAL

vém o personagem principal: beber álcool, drogar-se, roubar. O primeiro deles, segurando uma nota, atravessa o limiar com dificuldade, rastejando e chega à escola. Ele lança a nota para um segundo jogador, que, por sua vez, também sai do espaço da perdição e, à custa de muito esforço, passa sob a mesa do centro e se abriga também sob a mesa da esquerda. Um por um, os diferentes jogadores que representam o personagem principal, fazem a penosa travessia que conduz à escola. Por vezes, um dos freqüentadores do *bas-fond* tenta reter o companheiro que se dispõe a fazer o percurso que leva ao "lugar sagrado". À medida em que vivem a experiência da escola, instalados sob a mesa, diferentes reações aparecem: sensação de opressão (ver foto 13), tédio, olhares ansiosos em direção ao local que acabara de ser abandonado. A última jogadora a ter conhecido o "lugar de purificação", visivelmente oprimida pelo espaço sob a mesa, reza e acaba re-atravessando a área de jogo no sentido contrário. Ela se re-instala em "Tânger"; com um gesto de braços, faz saber àqueles que continuam na escola que está se desligando deles e vai permanecer naquele lugar.

O recurso aos lugares do texto como baliza para a ação dramática se revelou especialmente interessante, pois fez emergir a tensão subjacente à situação vivida pelo personagem. O conflito foi remetido fisicamente ao espaço lúdico. A partir dessa espacialização do contraste entre os dois universos, os jogadores fizeram da passagem de um ao outro o pólo central da ação.

Do ponto de vista da platéia, os diferentes traços acrescentados por cada jogador se somam para compor o personagem. Ele passa a ter vários corpos, deixa de ser único. A repetição faz com que a temática adquira novas proporções; não se está mais diante de um acontecimento isolado, mas sim de uma situação que se multiplica, ou seja, estamos diante de uma questão que ganha amplitude social.

A simultaneidade das cenas paralelas colocou a platéia diante de um dado novo. Aquilo que havia atraído a atenção de um estudante, por exemplo, podia ser totalmente diferente do detalhe que tivesse sido percebido por seu colega. O problema da percepção do espectador acabava de ser equacionado pelos membros da oficina.

Durante a avaliação desse jogo, o público levantou um problema relativo ao uso do dinheiro como objeto permitindo a troca entre os diferentes jogadores que representavam o mesmo personagem. Se a nota tinha legitimidade como significante das relações entre os homens em Tânger, ela não se adequava à transição entre os dois universos. O fato de cada jogador ter uma nota nas mãos ao atingir o "lugar de purificação", deu margem para que o público fizesse uma leitura segundo a qual o dinheiro era condição para adentrar na escola. Embora pertinente, essa leitura era contrária às intenções dos jogadores. Um problema interessante de domínio do significado dos signos teatrais acabava de se colocar. Da relação entre o jogo e a sua leitura pela platéia nascia um aprendizado.

Foto 13: A experiência escolar.

O problema do risco de redundância entre o que é contado e o que se vê acontecer em cena foi aqui bem resolvido. Duas partituras paralelas, a narração e a ação cênica se desenrolam diante do público, que é levado a criar conexões entre elas para elaborar o significado daquilo que lhe é proposto.

Uma das nossas preocupações era manter uma dinâmica lúdica que pudesse sempre ser distinguida de outras abordagens que privilegiam o ensaio ou a apresentação obrigatória de resultados. O exemplo mostra claramente como, a partir de propostas de problemas a serem cenicamente tratados, os participantes se atribuíram a si mesmos as regras da improvisação realizada. Uma vez definido o foco – passar de um espaço ao outro, convidando/dissuadindo os parceiros – novas relações foram descobertas dentro do jogo, sem planejamento anterior.

Entre essas descobertas, houve algumas que chamaram particularmente nossa atenção. Como vimos, a última jogadora a ter entrado na escola encerra o jogo regressando a Tânger. Ao ser questionada pela platéia, ela declara:

> Não tínhamos combinado nada sobre o final. Enquanto permaneci na escola, ela me pareceu sem graça demais; faltava prazer, porque todo o prazer estava acumulado do outro lado. Não me agradava o excesso, nem de um lugar, nem de outro. Gostaria que tivesse havido um pouco de prazer também nesse mundo da escola. (F. Z., ENS)

94 ENTRE O MEDITERRÂNEO E O ATLÂNTICO, UMA AVENTURA TEATRAL

Um dos jogadores, mesmo quando dentro do "local de purificação", manteve sempre as atitudes que tinha no *bas fond*: postura negligente, cigarro na boca, ar sonolento. A possibilidade de redenção por meio da instituição educativa era assim questionada.

A experiência de se lançar no jogo exigiu dos participantes uma atitude crítica em relação ao texto. Apareceram claramente o tratamento irônico com respeito ao caráter sacrossanto da escola e o ceticismo diante da possibilidade de conversão. Os jogadores descartaram qualquer maniqueísmo e, de certa forma, se adiantaram em relação à seqüência do romance, na qual o universo de origem do personagem invade todo o enredo.

Em várias oportunidades, a improvisação tornou necessária uma tomada de posição diante da ambigüidade ou das lacunas do texto. As discussões surgidas no grupo sobre as instâncias narrativas em "Hmida" (uma delas é um narrador onisciente que se dirige ao personagem na segunda pessoa) exigiram que os jogadores defendessem ludicamente seus pontos de vista.

A riqueza de circunstâncias como essa foi bastante apreciada pelos futuros professores secundários:

> O fato de o jogador-narrador se colocar no exterior ou no interior do espaço lúdico pode ser relacionado àquilo que Genette chama de narração transparente ou mínima por um lado, e de narração opaca por outro. Na narração transparente a instância narrativa se apaga, valorizando assim a fábula. Na narração opaca, o narrador se designa como tal, se exibe enquanto inventor do enredo e, assim procedendo, produz uma ruptura da ilusão. (A. C. e D. D., ENS)
>
> Eis uma outra vantagem de um aprendizado que passa pelo FAZER, solicitando a ação do corpo. As questões tratadas em narratologia são transformadas em focos-problemas a serem resolvidos. Eles podem dizer respeito a dificuldades tais como a relação entre o narrador e o personagem, ou a definição do destinatário de cada frase do texto, entre outras. Anteriormente tínhamos necessidade de adquirir conhecimentos livrescos para garantir uma "boa" recepção do texto. Hoje o conhecimento se adquire de modo mais efetivo, pois ele se coloca na perspectiva inversa, a da produção. (H. S., A. R., ENS)

A passagem do texto da superfície do papel para a tridimensionalidade presente no espaço teatral e no corpo dos jogadores exige uma série de procedimentos de seleção. Mais do que isso, porém, essa passagem pressupõe algo fundamental: a manifestação de um ponto de vista.

4. Do Texto ao Jogo: Outros Caminhos

Tivemos ocasião de experimentar também outras modalidades de jogos teatrais a partir de textos, em meio às quais destacamos quatro das mais significativas. Os procedimentos que se seguem, de natureza diversa, podem, à primeira vista, aparentar pouca relação entre si. Eles têm em comum, no entanto, o fato de serem menos tributários da análise da narrativa do que aqueles descritos no capítulo precedente.

O primeiro deles "Recorte e Colagem", decorre de seleção e fragmentação executada pelos jogadores e emerge da própria materialidade textual. Os demais, "Provérbios", "Motivos" e "Preenchimento de Elipses" foram forjados a partir de uma ótica precisa: eles correspondem a um tratamento de caráter temático dos textos abordados.

RECORTE E COLAGEM

Essa modalidade de percurso levando do texto ao jogo foi formulada a partir do artigo "Petites formes...grands enjeux" de Baune e Grosjean, já mencionado anteriormente. Uma parcela de texto é "arrancada da obra, sua ilustre mãe" nas palavras de um participante, e passa a se configurar como simples fragmento a ser integrado em um todo maior.

Cada membro de um grupo de três ou cinco pessoas é convidado a trazer uma passagem curta – algo em torno de cinco linhas – de um texto literário que o tenha interessado. O problema proposto é organizar o conjunto dessas passagens em uma nova unidade.

96 ENTRE O MEDITERRÂNEO E O ATLÂNTICO, UMA AVENTURA TEATRAL

Essa organização é precedida por uma abordagem sensorial, mediante a qual os fragmentos de texto são apropriados ludicamente pelos participantes. Para tanto, além dos jogos de apropriação descritos no capítulo precedente, propusemos outra modalidade que dizia respeito a uma questão específica: a multiplicidade de sentidos adquirida pelo texto em função das diferentes ações executadas enquanto é emitido. Três verbos são atribuídos aleatoriamente a um grupo de três jogadores; cada um diz seu fragmento de texto, executando a cada momento uma entre as três ações previstas, alternando-as. Apenas um fragmento pode ser dito por vez; ao dizê-lo, o jogador deve saber precisamente a quem o dirige, fixando o destinatário, enquanto mantém a ação. Tudo é possível entre eles, desde que se comuniquem por meio do fragmento dito em ação.

O fato de dizer um texto realizando uma ação levanta o problema da relação existente entre a voz e o corpo. O timbre, o ritmo e o tom da voz de quem diz mudam em função da ação executada. Desse modo, os jogadores se defrontam muitas vezes com uma incompatibilidade entre suas ações e o sentido de seus textos. No entanto, é desse contraste que surgem a originalidade e o frescor de uma significação nova. (A. G., ENS)

Além deste, outros jogos entre os de apropriação de texto descritos anteriormente eram propostos, na perspectiva de brincar com a materialidade sonora do fragmento.

A prática realizada confirmou que esse primeiro tratamento lúdico é condição básica para que o texto seja usado como elemento de um jogo teatral logo a seguir. Essa exploração de caráter sensorial abre novas perspectivas com relação ao sentido; os estudantes começam a adquirir consciência da diversidade de significados possíveis contida num fragmento. A aprendizagem se dá mediante a exploração do modo de enunciação, dos diferentes destinatários da enunciação, assim como da aliança entre o texto e diferentes ações cênicas. Da qualidade da exploração sensorial vai depender, em grande parte, a riqueza das soluções encontradas para o amálgama de fragmentos.

A variação do volume sonoro, do tom, do ritmo coloca em questão a idéia segundo a qual há um tom adequado que pré-existe ao texto e que lhe atribui um sentido inequívoco. Ao contrário, as modificações impostas ao significante acarretam conseqüências no significado. Descobrimos a intervenção dos sentidos na produção do sentido... (A. G., ENS)

A passagem em questão toca o cerne da dimensão paralingüística, central no procedimento que descrevemos. Além dela, toda uma série de elementos não lingüísticos como o olhar, a gestualidade, o espaço, têm peso determinante na decodificação de uma cena teatral que inclui texto. Todos esses fatores revelam como a fabricação de diferentes contextos pode implicar diferentes sentidos para as mesmas palavras.

Uma vez apropriados, no momento da colagem os diferentes recortes deixam de pertencer a uma ou outra pessoa, passando a ser patrimônio comum do grupo de jogadores. Uma situação deve ser montada, a partir da definição de lugar, personagens e ação – *onde, quem e o que*. A regra estabelece que as únicas falas possíveis são os fragmentos, que podem ser ditos quantas vezes e por quantos personagens for necessário. No quadro da situação dramática formulada, a emissão de cada recorte deve ser motivada e levar em conta seu destinatário.

Num primeiro momento, a descontinuidade do suporte lingüístico a ser inserido numa totalidade pode provocar algum desconforto. É esse mesmo desconforto, no entanto, que impulsiona o participante a levar mais longe a experimentação física das relações entre o que se diz e o que se faz dentro do jogo teatral.

Alguns exemplos de jogos realizados esclarecerão o leitor.

Jogo 1

Saguão de aeroporto. Em um canto do espaço cênico jaz um corpo de homem, dentro de um caixão; a maior parte da área de jogo é ocupada por três jogadores: uma passageira, uma faxineira e um funcionário do guichê de embarque. A jogadora n. 1 carrega uma mala e está numa fila que progride lentamente; seu modo de se deslocar, sua postura e seu olhar revelam profunda dor e desânimo; chora esporadicamente, sem se preocupar em esconder a tristeza. Ao chegar ao guichê de embarque, olha ao longe e diz de modo doloroso seu fragmento ao funcionário, que se apressa a despachar sua mala: "A outra vida é uma carta que não chega". Em seguida, dirige-se ao corpo morto, olha-o de modo terno e toca-lhe a cabeça. A jogadora n. 2 é a faxineira; enquanto tudo isso está ocorrendo, ela limpa lenta e cuidadosamente uma enorme vidraça imaginária; seu olhar também está voltado para o exterior do edifício. Em determinado momento diz sua frase, falando para si mesma: "Essa paisagem prenuncia um inverno de pé como sua própria morte". O terceiro jogador, funcionário, continua despachando a bagagem de outros passageiros imaginários, de modo preciso e automático. Passados alguns instantes, diz seu fragmento olhando para o público: "Só existem para o homem três acontecimentos: nascer, viver e morrer. Ele não percebe o nascimento, sofre para morrer e se esquece de viver". (Grupo 1, INBA)

A avaliação mostrou que a cena tinha ficado clara para a platéia: a esposa embarcava no mesmo avião que o corpo do marido. O acaso havia feito com que curiosamente todos os fragmentos tivessem menção à morte. O clima lento e a ação detalhada deram sustentação à cena; a qualidade do silêncio e da comunicação pelo olhar foi salientada pelo público. A relação entre o interior e o exterior do aeroporto era estabelecida por meio do olhar da passageira e da faxineira.

98 ENTRE O MEDITERRÂNEO E O ATLÂNTICO, UMA AVENTURA TEATRAL

Jogo 2

Fragmentos de origem:

– Um dia, há quatro milhões de anos, foi necessário que tudo começasse, e isso ocorreu por uma longa noite. É nesse oceano primitivo que cobre então toda a terra que começa a grande aventura.

– Em nome de pretensas crenças ou de crenças reais da maioria, o Estado se acredita obrigado a impor ao pensamento exigências que ele não pode aceitar.

– O tremor de suas mãos aumentava, sua mão direita sobretudo... vacilava. Ele devia segurar o copo entre os pulsos para levá-lo aos lábios.

– Não paro de me perguntar o que faço aqui, porque me deixam assim nessa prisão pior que a prisão, a da angústia, da dúvida. Não acredito mais em nada.

O dispositivo cênico é constituído de uma mesa retangular no centro e de outras três, dispostas verticalmente, com apenas duas pernas em contato com o solo. Os personagens são: juiz, acusado, advogado de defesa e promotor. A mesa central é ocupada pelo juiz; o advogado (ver foto 14), o promotor e o prisioneiro ocupam as três mesas laterais colocadas em pé, como se fossem tribunas.

Juiz: "Em nome de pretensas crenças ou de crenças reais da maioria, começa a grande aventura". (Dá três marteladas para abrir a sessão)

Acusado: (Dirigindo-se ao promotor) "Não paro de me perguntar o que faço aqui".

Advogado: (Dirigindo-se ao público e depois ao promotor) "Em nome de pretensas crenças ou de crenças reais da maioria, o Estado se acredita obrigado a impor ao pensamento exigências que ele não pode aceitar".

Promotor: "Não paro de me perguntar o que faço aqui". (Dirigindo-se ao juiz) "O tremor de suas mãos aumentava, sua mão direita sobretudo... vacilava. Ele devia segurar o copo entre os pulsos para levá-lo aos lábios".

Juiz: "Não paro de me perguntar o que faço aqui".

Acusado: "Por que me deixam assim nessa prisão?"

Juiz: "Não paro de me perguntar o que faço aqui. Em nome de pretensas crenças ou de crenças reais da maioria, sua – minha? – mão direita sobretudo... vacilava". (Tem na mão direita uma caneta imaginária)

Acusado: "Não acredito mais em nada".

Os participantes fragmentaram ainda mais os fragmentos e tiraram partido do fato de eles terem passado a pertencer ao conjunto dos participantes. Durante a avaliação, a platéia salientou a importância do modo pelo qual cada fala era emitida, a precisão da situação montada

Foto 14: Tribunal.

com trechos tão dessemelhantes e, sobretudo, o interesse do personagem do juiz, carregado de humor amargo e de um tom de absurdo. A ironia com a qual os jogadores haviam tratado a justiça provinha da defasagem entre a fala por um lado, e a ação e o personagem, por outro.

Jogo 3

Fragmentos de origem:

– *Criança doente, eu sonhava com a vida. Passei mais de três anos deitado de costas em um grande cesto, olhando o céu e examinando o teto.*

100   ENTRE O MEDITERRÂNEO E O ATLÂNTICO, UMA AVENTURA TEATRAL

– *Seu nascimento marca sua passagem de um mundo a outro. Ele era
dependente dos pais, sobretudo de sua mãe.*
– *Não tive muita vontade de viver esta vida. Eu a vivi. Uma vida de
cachorro, uma vida de absolutamente nada.*

À esquerda do espaço, a jogadora n. 1, visivelmente confinada,
perambula atormentada, às vezes enraivecida, dizendo: "Criança doente,
eu sonhava com a vida. Passei mais de três anos deitada de costas em
um grande cesto, olhando o céu e examinando o teto", repetidas vezes.
Na área central, dois jogadores: o jogador n. 2 a observa com ar dis-
tanciado, sem que ela o perceba; ao seu lado, a jogadora n. 3 também
a observa, mas com um olhar e uma atitude diferentes, que revelam
profundo desânimo e piedade. Depois de algum tempo de observação,
esta diz ao segundo jogador, mantendo o olhar sobre a jogadora n. 1:
"Não tive muita vontade de viver esta vida. Eu a vivi. Uma vida de
cachorro, uma vida de absolutamente nada". O jogador n. 2 abre uma
porta imaginária que os separa do personagem confinado. De pé junto
a ela, no mesmo recinto, continua a observá-la. Sai logo após, fechan-
do a porta atrás de si. Retomando a mesma posição anterior, de modo
profissional, meneando a cabeça, diz à jogadora n. 3, mas se referindo
ao personagem confinado: "Uma vida de cachorro, uma vida de absolutamente nada". A partir daí, os jogadores 2 e 3 passam a dialogar
entre si, se valendo apenas de "Uma vida de cachorro, uma vida de
absolutamente nada", dito de várias maneiras. Para um, o comentário
assume um tom, pode-se dizer, clínico; para a outra, ele se reveste de
uma conotação angustiada. Sabe-se que estão se referindo ao primeiro
personagem. Enquanto fazem seus comentários, eles podem continuar
a observá-la, pois a atuação indica que há uma parede de vidro que os
separa. Enquanto isso, a jogadora n. 1 continua perambulando "entre
quatro paredes", sozinha. (ENS)

A avaliação pela platéia confirmou que se tratava de uma doente
mental recolhida em um hospital psiquiátrico, examinada por um médico. A qualidade da concentração dos jogadores e o peso dos silêncios
que ritmaram a cena foram enfatizados. Dúvidas surgiram em relação
ao personagem feito pela jogadora n. 3, identificada por alguns como
enfermeira e por outros como pessoa envolvida afetivamente com a
doente. O grupo revelou que tinha tido a intenção de mostrar a mãe,
amargurada com o estado da filha. Mais uma vez os fragmentos tinham sido recortados; o jogo mostrou como uma mesma passagem,
dita por diferentes personagens, adquire diversos sentidos.

Jogo 4

No fundo de um corredor – o do próprio INBA – três jogadores
jogam cartas. A platéia está instalada em semicírculo, à saída desse

DO TEXTO AO JOGO: OUTROS CAMINHOS

corredor. Entre os jogadores e ela há quatro portas que se abrem para salas de aula verdadeiras. Em meio ao jogo de cartas, gestos bruscos e cada vez mais rápidos mostram que os personagens estão descontentes. Em dado momento, depositam no chão as cartas de baralho (significante imaginário) de modo abrupto, e começam a se deslocar no espaço do corredor, em direção ao público, com passos rápidos e nervosos. O primeiro, indignado, olha o segundo enquanto anda, dizendo: "Se pelo menos eles fossem velhos... mas jovens..." O segundo, de modo violento, também vem em nossa direção, batendo nas paredes e abrindo as portas das salas de aula, enquanto grita repetidas vezes: "Não vou nunca 'por quatro caminhos' quando o caminho mais curto se impõe". Andando logo atrás do segundo e tentando acalmá-lo, o terceiro jogador se dirige a ele dizendo: "O poder é perigoso; se você o utiliza sem saber como, você enlouquece e se queima". Enquanto isso está ocorrendo, dois professores reais, que ocupavam as salas de aula, acorrem às portas que dão para o corredor e perguntam o que está acontecendo. Um deles logo se dá conta que se trata de uma cena teatral e, com um sorriso desajeitado, permanece no espaço cênico circunscrito pelo corredor, para assistir ao final. O outro mostra sua indignação falando árabe e fazendo gestos de desagrado. Ao chegarem bem próximos da platéia, antes de se fundirem nela, os jogadores encerram o jogo.

Durante a avaliação, os participantes comentaram o quanto haviam hesitado antes de terem se lançado naquele jogo, receando possíveis reações adversas por parte de pessoas não implicadas. Embora admitindo que a causa dos personagens rebeldes permanecia obscura, os espectadores salientaram o quanto os jogadores tinham se exposto a riscos e a incompreensões ao terem escolhido uma modalidade lúdica que nem todos poderiam perceber como tal. Aproveitamos a ocasião para fazer referência à função social pretendida por práticas teatrais como o *agit-prop* ou o teatro invisível de Augusto Boal. A amplitude vocal e de movimentos revelava uma forte presença dos jogadores. O desafio de organizar num todo coerente uma série de unidades díspares havia suscitado aquele discurso, no qual a provocação se fazia presente.

> Você tem o seu texto, eu tenho o meu. Nós os aceitamos mutuamente e formulamos um todo, símbolo da nossa união, da coabitação que – não sem dificuldade – pudemos construir. (A. H., ENS)

A relação entre o texto e o jogo deixa de ser uma evidência; a disjunção entre eles propicia que a eventualidade da redundância seja colocada em questão. A combinação entre a palavra e os outros signos constituídos no ato de jogar é evidenciada, em função do comprometimento dos participantes com a busca de sentido.

Os exemplos mostram como o desafio de encontrar *como* e *a quem* dizer os fragmentos, engendra, por meio de um procedimento de

102   ENTRE O MEDITERRÂNEO E O ATLÂNTICO, UMA AVENTURA TEATRAL

colagem, a enunciação de um discurso teatral no qual o grupo articula um universo fictício. Através do confronto com o material textual se chega à formulação de um todo no qual podem se projetar ludicamente, por meio da fabricação de uma ficção teatral, representações sociais e visões de mundo dos jogadores.

PROVÉRBIOS

Modo universal de expressão nas sociedades de tradição oral, os provérbios são transmitidos boca a boca ao longo dos séculos. Nas belas palavras de Walter Benjamin, o provérbio é descrito como "ideograma de uma narrativa", ou ruína de antiga narrativa na qual "a moral da história abraça um acontecimento, como a hera abraça um muro"[1].

É possível encontrar entre os provérbios marroquinos determinados enunciados que coincidem com outros, empregados em culturas totalmente diferentes. Vale notar que a superposição de muitos deles com provérbios disseminados no Brasil é comum. Contudo, pode-se identificar também enunciados baseados em situações específicas do mundo árabe ou mesmo de um meio particular, como de camponeses ou comerciantes.

Seu uso é muitíssimo disseminado no Marrocos, em múltiplas esferas da vida cotidiana. O provérbio suscita, no ouvinte, uma comparação entre a situação nele evocada e a situação que lhe diz respeito, projetando uma tradição sobre o momento atual.

> Quando nos exprimimos apelando para um provérbio, temos a segurança de estarmos dentro da verdade, já que nos reencontramos com nossos antepassados. Eles nos ofereceram a chave que permite compreendermos a situação na qual nos encontramos, ou encarar determinada dificuldade que se apresente. Nosso saber se ilumina com toda a sabedoria do passado[2].

Todos os provérbios empregados nos jogos são traduções em francês do árabe dialetal, uma língua apenas falada. A análise de El Attar demonstra que o cuidado estilístico presente na origem – metáfora, repetição, rima, aliteração e ritmo – os diferencia do registro da língua corrente.

A alta condensação que caracteriza os provérbios faz deles excelentes instrumentos para conhecer mentalidades, pois nos informam

---

1. W. Benjamin, "O Narrador. Considerações sobre a Obra de Nikolai Leskore", *Magia e Técnica, Arte e Política. Obras Escolhidas*, vol. 1, p. 221.
2. B. El Attar, *Les proverbes marocains*, p. 13. Referência fundamental em estudos sobre o assunto, é uma compilação cuidadosa, com tradução comentada e estudo lingüístico anexo.

DO TEXTO AO JOGO: OUTROS CAMINHOS 103

sobre comportamentos, gostos e concepções. An-Neddam, autor citado por El Attar, assim define o interesse dessa forma: "As quatro particularidades que apenas ele apresenta reunidas são: a concisão do enunciado, a justeza da abordagem, a pertinência da comparação e a felicidade da metáfora. Ele é o máximo da arte da palavra"[3].

Os provérbios explorados provinham de um universo por nós selecionado de antemão, dado que, com freqüência, os participantes não conheciam o equivalente francês de provérbios exaustivamente empregados no seu cotidiano, sempre em árabe. Curiosamente, ao enunciar qualquer provérbio em língua francesa dentro do jogo, imediatamente verbalizavam também a versão árabe, incorporada em seu modo de vida desde a infância. Algumas vezes os enunciados eram deliberadamente escolhidos pelos participantes e em outras ocasiões eram sorteados.

Cabe aqui uma breve digressão de modo a contextualizar o emprego de provérbios como fonte de dramatizações, prática usual em salões franceses no século XVIII, que atravessou com sucesso também o século seguinte. O assim chamado *théâtre de societé* consiste em cenas mais ou menos improvisadas a partir de roteiro estabelecido em torno de um provérbio. O público é convidado a desvendá-lo, procurando, desse modo, a solução para um enigma. Moda bastante difundida na época, visava à distração das pessoas envolvidas e colocava em relevo a agilidade mental, tanto daqueles que atuavam, quanto dos espectadores. Merece destaque, nesse sentido, a obra de Carmontelle[4], desenhista, cronista e dramaturgo francês que viveu de 1717 a 1806. Autor de uma série de textos dramáticos baseados em provérbios, Carmontelle dirigia as pessoas que se propunham a representá-los no sentido de que não decorassem o texto, mas se inspirassem nele e procurassem encontrar o "tom" pertinente ao papel. A ênfase era colocada não na busca de "belas frases", mas sim no prazer de inventar a partir de uma peça curta, como uma "commedia dell'arte de salon". Transformar em cena os "provérbios dramáticos" de Carmontelle significava trazer à tona os assuntos e as fórmulas de conversação da época e do meio em questão, sem que para tanto fosse exigido possuir o "dom" dos profissionais de teatro.

Em contextos históricos tão diferentes entre si quanto os da elite francesa dos séculos XVIII e XIX e o dos estudantes marroquinos contemporâneos, o provérbio tem o poder de deslanchar processos teatrais marcados por traços não exatamente comuns, mas portadores de alguma semelhança.

Realizar um jogo teatral a partir de provérbio significa ter uma temática como ponto de partida. O jogo é resultante da associação entre o enunciado proverbial, uma "forma simples" no conceito de

3. Idem, p. 34.
4. Carmontelle, *Comédies et Proverbes, choisis par Louis Thomas.*

104 ENTRE O MEDITERRÂNEO E O ATLÂNTICO, UMA AVENTURA TEATRAL

André Jolles, e uma situação dramática formulada pelos jogadores. As primeiras tentativas de nossa experimentação confirmaram, no entanto, que a preocupação com o enredo tende a ocasionar efeitos perversos sobre o ato de jogar. Quando a simples formulação de uma situação dramática é equivocadamente encarada como solução já conquistada, o modo de resolver o problema cênico deixa de ter importância e o jogo não chega a ganhar densidade.

O desafio consiste, portanto, em formular modalidades lúdicas que possam aliar a associação temática entre o provérbio e o desejo de jogo dos participantes, por um lado, a questões próprias à linguagem teatral, por outro.

Para que a associação entre todos esses elementos se fizesse presente, optamos por limitar o campo das possibilidades, mediante a combinação aleatória entre personagens e lugar. Em um primeiro momento, diferentes personagens eram criados ludicamente, por meio de procedimentos variados. Um deles, por exemplo, era o recurso a fragmento de figurino como indutor de percepções sensoriais, que viria a engendrar características de personagem. Outro consistia em partir de associações com animais ou com silhuetas esboçadas corporalmente. Os nomes dos personagens assim concebidos eram anotados em pedaços de papel.

Paralelamente, sugestões de lugares fictícios eram também registradas pelos participantes, em segredo. O sorteio da combinação entre personagens e lugar formava o *quem* e o *onde* da cena a ser jogada. Cabia ao grupo determinar o último elemento da estrutura dramática, o *o que*, ou seja, a ação. Por meio dessa simbiose entre o acaso e a escolha deliberada, é preparado o terreno para fazer emergir a noção contida no enunciado do provérbio.

Uma vez definida a situação no âmbito da qual se daria o jogo, era proposto um foco, ou, em outras pa lavras, um problema de atuação vinculado diretamente à linguagem teatral: tornar real – *fisicalizar* – o personagem.

A construção gradativa da moldura do jogo e, sobretudo, a ênfase em um problema de atuação procuravam evitar que a mera formulação de um enredo associado ao provérbio fosse percebida como o desafio preponderante. Os resultados foram bastante significativos, como ilustram os exemplos a seguir.

Provérbio: "Ele compra o peixe que ainda vive no mar".

1) Uma jovem caminha com uma amiga em direção a um *hammam*, enquanto relata suas expectativas em torno do encontro amoroso que teria logo a seguir. Explicita a importância do banho para que se sinta suficientemente segura de si diante do homem desejado. Despede-se da amiga, chega ao local, despe-se e começa a se banhar, quando, repentinamente, termina a água. Coberta de sabonete

e xampu, oscila entre ataques de cólera e completo desânimo. A platéia destaca como o foco na *fisicalização* do personagem havia mobilizado a jogadora e enfatiza o quanto os objetos imaginários – sabonete, torneira, xampu – tinham estado palpáveis, contribuindo para a intensidade do jogo. (Grupo 1, INBA)

2) Um nômade e um rico citadino são espectadores de uma corrida de cavalos num hipódromo. O primeiro se aproxima do segundo e pede a mão de sua filha, argumentando que está tão convicto da vitória do cavalo 14, no qual havia apostado todas as suas economias e que poderia vir a arcar com as despesas do tradicional dote de casamento. O cavalo perde e o nômade desaparece. Alguns detalhes de figurino caracterizam, de modo pertinente, os personagens: sacola atravessada no tronco para os dois, pequeno chapéu para o nômade e turbante para o senhor. A platéia do jogo é estrategicamente colocada em meio aos jogadores, figurando assim o público do hipódromo. É o olhar dos jogadores, lançado ao longe no espaço da sala, que delimita as dimensões do lugar mostrado. (Grupo 1, INBA)

3) Um homem desempregado é atraído por dois marginais de boa aparência. Mediante o pagamento de três mil *dirhams* (a moeda marroquina), ele obteria um passaporte e uma garantia de trabalho na Arábia Saudita. Entusiasmado com a oferta, o homem vende tudo o que possui e entrega o montante aos farsantes, que se comprometem a voltar ao local no dia seguinte, para entregar-lhe os almejados papéis. O jogo se encerra com o homem sentado numa mesa de bar, sozinho, depois de ter esperado por várias horas. A platéia salienta a concentração dos jogadores e a verossimilhança do enredo. (Grupo 2, INBA)

Provérbio: "A palavra de quem tem ouro é exaltada e a palavra do homem pobre, rejeitada".

1) Numa cela de prisão, três presidiários mantêm uma nítida hierarquia entre si. Um deles é um homem rico e autoritário, que exerce seu poder sobre um segundo, obrigando-o a desempenhar papel de palhaço, o que é feito de modo patético e servil (ver foto 15). Este último, por sua vez, subjuga um terceiro, último elo da cadeia da exploração. Em dado momento, o primeiro recebe a notícia de que será libertado, emitida em voz *off*. Dirige-se a um personagem imaginário, tentando convencê-lo a deixar que o "palhaço" também saia da cadeia. O contentamento manifesto no rosto deste último revela que o pedido fora aceito. Ambos partem, juntos. O terceiro homem, apesar de também suplicar sua liberdade, nada consegue e permanece sozinho na cela.Toda a cena ocorre sem fala, com grande concentração dos jogadores, que se comunicam por meio do olhar e das ações. O espaço restrito e as grades da prisão são concretiza-

Foto 15: Jogo dentro do jogo.

dos a partir da movimentação e dos gestos dos três participantes. O impacto da maquiagem impressiona os espectadores. O clima, absolutamente não realista, é poético e melancólico.

Da necessidade de combinar entre si personagens e lugar atribuídos aleatoriamente por sorteio, surge um jogo que, ao remeter a um provérbio escolhido ou sorteado pelo grupo, apresenta grande densidade cênica. As surpresas oriundas da supremacia do acaso, sem dúvida, constituem rupturas em relação a situações dramáticas já consagradas. Uma das jogadoras presta seu depoimento:

A originalidade do jogo residia no fato de que era preciso reunir três parâmetros que não tínhamos necessariamente escolhido (tema, lugar e personagens) para

DO TEXTO AO JOGO: OUTROS CAMINHOS 107

criar uma cena. Quando o grupo optou por uma cela de prisão, todos os membros deviam se apoiar nas mesmas grades e cada um devia se manter fiel a seu personagem, já que uma vez que se aceita o jogo, é preciso ir até o final. (N. A., ENS)

2) Em meio à platéia, configurada como sala de espera, um homem de aparência comum está aguardando. Aparece um segundo personagem, distinto do primeiro pela postura, pela maneira de fumar e de se movimentar: ele pertence a classe social mais elevada. Senta-se em outra cadeira e começa também a esperar para ser atendido. Um terceiro jogador é um funcionário, instalado em escritório montado diante do público. A espera se prolonga e a platéia está nela envolvida. O funcionário começa a trabalhar, recebendo inicialmente o homem rico, que o presenteia com uma fita cassete. O primeiro personagem invade o escritório e é convidado a se retirar. Sua indignação aparece com violência e o conflito – envolvendo inclusive briga corporal – se instala entre os três. O foco proposto havia sido a atitude dos personagens. Os espectadores valorizaram o fato de terem sido incorporados à situação; estavam tão sujeitos a ela quanto os personagens. Uma prática de favoritismo e corrupção – freqüente no país – é assim retratada por meio de um provérbio. Abordamos junto aos participantes o interesse de se trazer para o jogo questões candentes da vida social imediata. O provérbio havia permitido a emergência e a crítica bem humorada de um problema relevante na vida cotidiana marroquina. (Grupo 2, INBA). O enunciado proverbial não é dito explicitamente antes, durante ou depois do jogo, mas a platéia o reconhece, pois ele faz parte de suas referências e está subjacente à cena observada. O que se fabrica é um discurso teatral que se substitui ao texto.

MOTIVOS

Esse procedimento se diferencia dos demais por ser proposto quando o texto ainda não é conhecido pelos jogadores. Trata-se de uma experimentação lúdica orientada pela temática do texto. Diferentes improvisações em conexão e ressonância com essa temática são realizadas e, posteriormente, incorporadas ao jogo com o texto em questão.

O passo inicial consiste na escolha dos motivos que se pretende explorar a partir de um determinado texto. A noção de "motivo" diz respeito à busca de unidades significantes de um texto, a temas recorrentes que, nas palavras de Patrice Pavis, "formam uma cadeia, ao mesmo tempo poética e narrativa"[5]. Dentro de uma perspectiva semântica, a

5. *Dicionário de Teatro*, p. 251.

108 ENTRE O MEDITERRÂNEO E O ATLÂNTICO, UMA AVENTURA TEATRAL

busca de relações de semelhança entre unidades significantes freqüentemente distantes entre si dentro de um texto, resulta na delimitação dos motivos nele detectáveis. O conceito de motivo tem, portanto, âmbito variável:

> Na maioria das vezes o motivo coincide com a palavra presente no texto; mas pode corresponder também a uma parte (do sentido) da palavra, isto é, a um sema; outras vezes a um sintagma ou a uma frase, onde a palavra pela qual designamos o motivo não figura[6].

Exemplo 1

O texto que abordaríamos tinha surgido dentro da própria oficina de escrita na qual o presente procedimento seria experimentado, mas ainda era desconhecido dos participantes, com exceção, é claro, de sua autora.

Paris, 1ª de maio de 1908.

Querida amiga
Escrevo-lhe esta carta para pedir notícias. Um vizinho me contou que você estava doente. Espero do fundo do coração que esteja melhor. Hoje sei muito bem que estar presa na cama não tem nada de agradável. No entanto, mesmo quando se está em forma, pode-se não saber como fazer passar o dia. Pessoalmente, não faço nada a não ser dar ordens aos empregados. Em seguida, eu bordo. De fato, a linha que você tinha me aconselhado outro dia é de melhor qualidade. Depois, passo o resto do dia sentada diante do piano, tocando árias suaves que me ajudam a suportar minha vida monótona. Você pode achar esquisito, mas me sinto como uma estátua; estou sem vida, sem agitação interna e sinto que sou acomodada demais.
Espero não tê-lo aborrecido demais com minhas idéias. Desejo-lhe muito breve restabelecimento. E tenha a gentileza de me escrever um dia desses.

Sua amiga fiel,

Hanae

(H. L., IF)

Antes que os participantes o conhecessem, propusemos duas séries de improvisações que evidenciariam motivos nele inscritos:

a) Em duplas, contar um ao outro um ritual da vida cotidiana que se traduz em momento de tédio. Um jogador improvisa o ritual do outro, tentando tornar palpáveis espaço, objetos, relações. Na medida em que o ritual representado não é o seu, mas o do parceiro, ocorre uma transposição que conduz à teatralidade;

b) Em duplas, improvisar sem qualquer combinação anterior, a partir de uma associação proposta pelo coordenador, quando os jogado-

---

6. Oswald Ducrot e Tzvetan Todorov, *Dicionário Enciclopédico das Ciências da Linguagem*, p. 207.

DO TEXTO AO JOGO: OUTROS CAMINHOS 109

res já estão na área de jogo: bordar perto da janela, bordar à luz de vela, bordar doente.

É só após essas rodadas de jogo que os participantes descobrem o texto. Em seguida, eles são convidados a escolher, dentre as relações que haviam surgido nas improvisações, aquelas que consideram mais interessantes, tendo em vista a comunicação teatral daquele texto. Dois grupos se formam, cada um com suas opções:

Grupo A) Um narrador diz o texto dentro da área lúdica. Dois jogadores fazem dois personagens femininos bordando perto de uma janela. Aquela que o faz com gestos lentos é a autora da carta; a outra dá mostras de uma certa agitação, tentando ver o que se passa lá fora: tédio e expectativa se contrapõem exclusivamente por meio da maneira de executar uma mesma ação. "De fato a linha que você tinha me aconselhado outro dia é de melhor qualidade", é dito sob forma de discurso direto do personagem, à platéia.

Grupo B) Um narrador diz o texto, fora da área de jogo. Acamada, uma mulher que tosse com freqüência recebe uma carta; ela é cuidada por uma jovem que esporadicamente toca piano. O clima é de desalento.

Na medida em que, curiosamente, o primeiro grupo havia improvisado a emissão e o segundo grupo a recepção da carta, propusemos que as duas cenas, integradas, fossem retomadas simultaneamente. Seriam acrescentados outros elementos surgidos nas primeiras improvisações, que eles mesmos haviam considerado relevantes, mas ainda não tinham incorporado. O narrador é desdobrado em dois jogadores: enquanto um diz, o outro aciona os personagens como se fossem autômatos. Quando o narrador diz "eu me sinto como uma estátua", todos os personagens se imobilizam e cabe ao narrador, que apenas age, reativá-los um a um. A emissão ocorre na metade direita do espaço – um pequeno palco à italiana – e a recepção à esquerda. Nas duas extremidades, perpendiculares ao público e olhando um em direção ao outro, dois jogadores distantes entre si são antigos relógios de parede, funcionando no mesmo ritmo. (IF)

A ação executada não é uma ilustração direta daquilo que é transmitido pelo texto enunciado oralmente, mas alude ao clima nele presente.

Exemplo 2

Tal como no exemplo anterior, este texto também era desconhecido.

ANIVERSÁRIO

Com um salto de carpa, ele tirou os cobertores e se viu fora da cama. Tremendo, pingando, balançou furiosamente a cabeça, como um gato mergulhado na água fria. Quis se livrar dos últimos traços daquele sonho mau. Colocou-se em frente à janela e, envolvido por uma luz sombria, olhou a noite adormecida. Era uma dessas noites de dezembro que deixam introduzir pelas fendas

110 ENTRE O MEDITERRÂNEO E O ATLÂNTICO, UMA AVENTURA TEATRAL

dos vidros e das portas, mais frio glacial do que fios de claridade. A visão da cabine telefônica instalada na esquina suscitou nele um desejo irresistível de telefonar. Ele estava surpreso! Dedicou-se então a uma espécie de exame de consciência para compreender o que estava acontecendo consigo naquela noite.

Durante os oito anos que havia passado longe de sua família, nunca tinha pensado nela daquela maneira. Seu filho devia fazer dez anos naquela noite! Dezesseis de dezembro era de fato o dia do seu aniversário. Naquele momento suas visões adquiriam um sentido... Consultou o relógio: eram duas da manhã e alguns minutos. Vestiu o casaco e saiu para telefonar. Um frio glacial o recebeu e bateu em seu rosto. A rua estava horrivelmente deserta. Ele se surpreendeu que sua existência lhe parecesse tão ilusória. Contemplou sua imagem no lado envidraçado da cabine e leu nela a mesma impressão. Acendeu um cigarro antes de se decidir a discar o número.

(N. B., IF)

Situações para improvisação combinando diferentes motivos são sugeridas para grupos compostos por três pessoas. Para evitar qualquer combinação prévia, eles são anunciados quando o trio já está no limiar da área de jogo, pronto para começar:

a) Medo de telefonar – cabine

b) Noite – frio – rua deserta

c) Atravessar a rua – sono – janela

d) Discar o número – fumar

Após essa seqüência de experimentações, os membros da oficina têm, então, acesso ao texto e são convidados a integrar à sua teatralização as descobertas feitas nas improvisações.

Três narradoras alternam narração sucessiva e simultânea à esquerda do proscênio. No fundo do palco, à esquerda, uma janela formada por dois jogadores; à direita, um banco e um poste com luz contíguos, feitos por outros dois jogadores. Próximo à direita do proscênio, três pessoas formam uma cabine telefônica: duas são as paredes de vidro e a terceira é o aparelho (ver foto 16).

Sons de vento e de porta rangendo são efetuados ao longo de toda a duração da cena, pelos próprios jogadores, dentro dela. O personagem, deitado, dá um salto repentino, se levanta, abre a janela – formada por dois jogadores – sente frio. Olha ao longe, hesita, veste o casaco e se locomove em direção à cabine. Observa sua própria imagem na parede de vidro; a situação é mostrada por meio do jogo de espelho entre o jogador que faz o personagem central e um dos jogadores que formam a cabine. Aproxima-se do poste, verifica o relógio, senta no banco, acende um cigarro e começa a fumá-lo, olhando sempre para a cabine. Hesitando, entra, tira o fone do gancho, disca o número, espera alguns segundos e termina dizendo com a voz abafada: "Alô..sou eu...você... não está reconhecendo?" (IF).

A proposta de jogo era fazer com que a narração e a ação não

Foto 16: Cabina telefônica.

fossem paralelas, mas sim que houvesse alguma defasagem temporal entre elas. A saída de casa para telefonar, que ocorre no último quarto do texto, acontece logo no início do jogo; o mesmo ocorre com o reflexo da imagem no vidro. A narração, feita de modo distendido, termina antes que o personagem se decida a entrar na cabine.

Quando as improvisações ocorrem a partir dos motivos do texto, estamos diante de um procedimento de aproximações sucessivas em direção a ele. Os motivos são extraídos de seu contexto, explorados ludicamente e só então recontextualizados. A abordagem textual ganha em verticalidade; nesse último exemplo, as soluções encontradas para a concretização cênica dos objetos entusiasmaram particularmente os jogadores.

Ambos os exemplos procedem da oficina realizada no Instituto

112 ENTRE O MEDITERRÂNEO E O ATLÂNTICO, UMA AVENTURA TEATRAL

Francês, voltada para percursos que levassem à escrita. Na perspectiva de transmitir teatralmente para um público mais amplo os textos que haviam criado – conforme já mencionamos – seus componentes apresentaram, entre outras realizações, *Monotonia* e *Aniversário*.

PREENCHIMENTO DE ELIPSES

Essa modalidade de jogo se caracteriza por trazer à tona aspectos sobre os quais o texto apresenta lacunas. Tal como o procedimento anterior, este também foi experimentado com um texto inédito oriundo da própria oficina do Instituto Francês. Ele retrata três dias da vida de um personagem, através das páginas de seu diário.

A MULHER DO CONTRABANDISTA

Terça -Feira, 17 de outubro de 1994

Hoje estive na casa de minha mãe. Mais uma vez tivemos uma forte discussão. Ela me contou que minha irmã mais velha tinha acabado de comprar um carro novo (já que seu marido é um grande homem de negócios!) e que minha irmã caçula tinha arranjado um marido (mais esperto que o meu, naturalmente!). Senti-me humilhada e respondi que Saïd é o melhor dos maridos; casamos por amor e continuamos nos amando. Ele não tem culpa se o seu diploma não lhe permitiu conseguir um emprego. Aliás, esse é também o meu caso. Eu lhe disse ainda que não me importo nem um pouco de ser a mulher de um contrabandista. O essencial é ser feliz. Eu sou, realmente?

Quarta-Feira, 18 de outubro de 1994

Saïd não teve sorte hoje. Os funcionários da alfândega apreenderam toda a sua mercadoria. Há muito tempo ele não saía, mas como nossas economias terminaram, ele quis tentar a sorte, sabendo, no entanto, que há uma extrema vigilância na alfândega. Nós brigamos e depois nos beijamos. No entanto eu chorei e ainda estou chorando. Ele, dorme. Devo ir amanhã à casa de minha tia para lhe pedir dinheiro emprestado.

Quinta-Feira, 19 de outubro de 1994

Minha tia, mesmo antes de conhecer a razão da minha visita, me fez um longo discurso. Ela tentou me fazer imaginar a sorte que eu teria tido se tivesse me casado com seu filho. Por que todos têm pena de mim? Saí de lá dizendo a ela que seria melhor que cuidasse da própria vida.

Contudo, nossos problemas estão em parte resolvidos. A tarde fui à casa de minha irmã e ela me informou que seu marido acabava de me encontrar um emprego. Aceitei rapidamente; em outras circunstâncias não o teria feito. Devo começar amanhã.

Houria Benallal

(N. A., IF)

Após a leitura, os participantes, divididos em dois grupos, são convidados a inventar o que acontece nos intervalos sobre os quais nada é revelado: antes do início, entre o primeiro e o segundo dia, entre o segundo e o terceiro, e depois do final. Para cada um desses períodos, devem compor uma sucessão de três imagens fixas, mostrando aquilo que o texto não nos revela.

Dois grupos apresentam suas séries de imagens, que são analisadas por todos nós. Chegamos à conclusão que seria interessante fundir, num único todo, imagens oriundas de ambos. A escolha entre elas é responsabilidade do acordo coletivo, a partir de critérios conhecidos de todos. A opção tomada acaba favorecendo o equilíbrio entre os dois grupos: cada um deles contribui com duas séries para a constituição do todo. A seqüência de imagens assim se apresenta:

- Início: briga em família; preferência manifesta da mãe em relação à irmã do personagem central (ver foto 17);
- Primeiro intervalo: barreira policial na alfândega, fila de pessoas esperando, carregando pacotes (ver foto 18); Saïd é descoberto com contrabando; como não tem dinheiro para subornar as autoridades, sua mercadoria é apreendida (ver foto 19);
- Segundo intervalo: Saïd se embriaga num bar, é conduzido para casa e se lança, bêbado, nos braços da mulher, que o recebe com evidente contrariedade;
- Final, em continuidade com a série anterior: a esposa se prepara para sair, é retida por Saïd; ao atravessar a porta, oscila entre ficar e partir; conclusão em aberto.

Foto 17: Almoço em família.

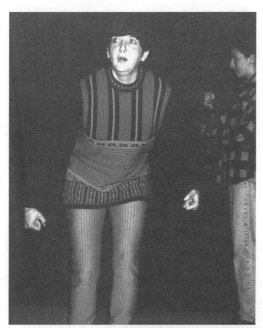
Foto 18: O peso dos pacotes.

Foto 19: Tentativa de corrupção.

Uma narradora diz o texto, enquanto os jogadores fazem as séries previstas de três imagens, mantendo-se estáticos na última imagem da série inicial e das séries do primeiro e segundo intervalos. A série final de imagens é apresentada depois que se encerra a narração. Sempre que há jogo, não há texto e vice-versa. O procedimento permite que zonas obscuras da ficção sejam trazidas à luz ludicamente.

Àquela altura do processo os participantes já têm em mente mostrar essa experimentação do texto de Najate Azouz para um público mais amplo, não envolvido na oficina. Por necessidade de clareza, decidimos que Saïd e sua esposa seriam vividos sempre pelos mesmos dois jogadores. Essa decisão implicou que certas soluções cênicas encontradas por determinado jogador, pudessem ser adotadas por outro, que passaria a assumir o personagem Saïd na perspectiva da manutenção do fio narrativo por ocasião da representação prevista (ver foto 20). O que estava sendo enfocado era muito mais a relevância da solução cênica do que a sua autoria.

Foto 20: *Bebedeira.*

116 ENTRE O MEDITERRÂNEO E O ATLÂNTICO, UMA AVENTURA TEATRAL

Essa permutação entre diferentes jogadores que assumem o mesmo personagem foi outra ocorrência de não identificação entre quem atua e o ser fictício tornado presente. Em procedimentos descritos no capítulo anterior, essa relação "vários que fazem um" constituía objeto deliberado de experimentação. No presente caso, ela não foi prevista e decorreu das necessidades do processo.

Subjacente a tais opções se encontra a recusa da noção de estrelato. Os participantes se mostraram muito sensíveis a essa valorização do investimento coletivo. Não só não existia ator principal, como havia sido possível integrar em um novo conjunto as contribuições de vários jogadores.

Ao se examinar as quatro modalidades aqui descritas de passagem do texto narrativo ao jogo, observa-se que as duas primeiras podem prescindir do narrador, ao contrário das duas últimas.

No procedimento de recorte e colagem, o jogo consiste em formular um discurso teatral, sendo que o texto presente nesse discurso resulta das condições de enunciação de uma matéria-prima textual fragmentada. Embora esses fragmentos sejam de natureza narrativa, o texto resultante, componente do discurso formulado, pode não trazer necessariamente a presença de um narrador.

Quando se joga um provérbio, formula-se um discurso teatral que não incorpora a materialidade da "forma simples" que lhe deu origem, mas se apresenta como sucedâneo dela. Trata-se de um discurso teatral como outro qualquer, que pode prescindir de narrador.

Já o recurso aos motivos e às elipses diz respeito a aspectos – presentes em um caso, ausentes no outro – identificáveis no próprio cerne do texto narrativo. Estamos diante de dois procedimentos que exigem a presença do narrador, na medida em que a forma narrativa, que é o ponto de partida, é proposta como devendo estar presente também na chegada do percurso. Não adaptamos narração para teatro, mas jogamos a narração.

Se os quatro procedimentos têm em comum o fato de partirem de um texto narrativo, são os dois últimos que incorporam mais plenamente a narração como constitutiva do discurso teatral.

APRESENTAÇÃO DE JOGOS TEATRAIS COM TEXTOS

Monotonia, Aniversário e *A Mulher do Contrabandista* foram apresentados, entre outras cenas, no palco do Instituto Francês. O espaço do palco não era, em absoluto, uma condição para que o processo fosse levado a público, visto que já havíamos jogado em vários outros locais. Ele foi utilizado em função de critérios relativos à ocupação dos diferentes ambientes do Instituto. Seria o local que permitiria a um maior número de pessoas assistir à apresentação em condições de boa visibilidade, já que um eventual uso das escadarias ou do pátio estaria sujeito a riscos, devido à estação chuvosa.

O figurino – coerente com o conjunto da proposta – consistia em calça preta e blusa ou camisa branca. Echarpes foram usadas como significantes de signos teatrais em três momentos: foram tecidos sendo bordados em *Aniversário*; estiveram na cabeça de dois jogadores masculinos no mesmo jogo, evidenciando a feminilidade dos personagens representados, e ainda cobriram os olhos de quatro jogadores que representavam a barreira policial em *A Mulher do Contrabandista*, em alusão irônica à justiça (ver foto 21).

Foto 21: Alfândega.

118   ENTRE O MEDITERRÂNEO E O ATLÂNTICO, UMA AVENTURA TEATRAL

Algumas cadeiras, uma iluminação fixa e um fundo musical marcando a passagem de um texto a outro, completam a lista dos recursos materiais empregados.

A apresentação contou com um número considerável de crianças, alunos dos cursos de francês do Instituto. Passados os primeiros instantes de excitação, a concentração do público era total. No bate-papo que se seguiu, uma dessas crianças se manifestou:

> Não compreendo ainda direito o francês, mas mesmo sem ter entendido tudo o que os contadores disseram, achei os gestos legais; acho que consegui entender as histórias. Gostei da cabine e dos relógios; o homem que fazia o telefone era engraçado.

Um dos avanços proporcionados por essa apresentação pública foi o de ter permitido aliar a limpeza das cenas a um certo frescor inerente ao ato de jogar. A precisão das regras de jogo foi o principal fator da obtenção de um equilíbrio extremamente delicado entre a espontaneidade e o estabelecimento de uma forma teatral comunicável.

A confrontação de nossa prática com a apreciação de espectadores desconhecidos, ou pouco conhecidos, foi um momento importante na história do processo do grupo. A conversa posterior com o público deu margem para que os membros da oficina mostrassem o quanto estavam conscientes das opções feitas por todos nós, coordenadores e participantes, ao longo do caminho percorrido.

Nas palavras de uma espectadora, jovem professora de francês:

> Foi uma representação *extra-ordinária*, no sentido de uma representação fora do habitual. É um outro tipo de teatro, diferente do teatro comum, onde tudo vem bem explicado para o público. No trabalho de vocês, a platéia é levada a compor ela mesma o sentido do que acontece. Quem está aqui sentado também deve, de certa forma, trabalhar; precisa organizar a sua percepção de maneira ativa para concatenar tudo o que percebe.

5. Do Jogo ao Texto: Dois Dispositivos Ficcionais

Conforme já tivemos ocasião de observar, o conhecimento de uma parcela da vasta bibliografia francesa em torno da condução de processos de criação de textos – narrativos, dramáticos, ou mesmo líricos – permitiu que nosso desejo de experimentar uma oficina de escrita no contexto marroquino se concretizasse. O princípio que norteou a formulação dessa oficina, no entanto, não estava presente naquela bibliografia. A peculiaridade de nosso projeto vinha do fato de que a criação literária visada teria como matéria-prima, manifestações teatrais de caráter lúdico.

Do mesmo modo que as trajetórias apontadas conduzindo do texto ao jogo, os caminhos que aqui apresentamos para levar à escrita de ficção são ancorados em diálogos entre os discursos literário e teatral.

Nossa intenção era complementar a abordagem das relações entre jogo e texto, agora por meio de um outro percurso possível, conduzindo, dessa vez, do jogo à escrita de textos de ficção. O exame que nos interessava particularmente dizia respeito aos vínculos que pudessem ser observados entre dois universos ficcionais, um presente no teatro e outro expresso pela escrita. Para tanto, jogos coletivos de corpos no espaço se associariam a uma outra modalidade lúdica, pessoal, sobre a folha de papel. Em outras palavras, pode-se dizer que a natureza da oficina proposta acabou instalando um movimento pendular entre o indivíduo e o coletivo.

Tínhamos como finalidade, portanto, convidar os participantes à escrita ficcional, mediante o desenvolvimento da capacidade de jogar

120 ENTRE O MEDITERRÂNEO E O ATLÂNTICO, UMA AVENTURA TEATRAL

teatralmente. Jogos teatrais efetuados em grupo deram origem a textos de ficção escritos, às vezes, dentro e outras vezes, fora dos encontros, e eram depois comunicados dentro da oficina. As práticas experimentadas sugerem um encaminhamento que parte do coletivo – mediante procedimentos lúdicos –, prossegue por meio de um fazer individual – escrita – e se conclui com uma dimensão coletiva – comunicação e apreciação do texto recém-escrito.

Assim como no caso dos jogos teatrais, a dinâmica aqui não gravita em torno de quem conduz o processo; a função do coordenador é permitir que cada participante encontre o eixo de sua prática de escrita. A dimensão plural desta última é a verdadeira protagonista; a partir de desafios comuns, cada membro do grupo desenvolve atitudes pessoais em relação ao ato de escrever, ao mesmo tempo em que acompanha as descobertas dos companheiros.

Do mesmo modo que dentro dos processos de jogos teatrais, o princípio de que a restrição promovida pela regra possibilita maior liberdade de experimentação se faz presente no caso de processos de incentivo à escrita. Uma instrução imprecisa do tipo "escreva como quiser", ao invés de abrir possibilidades, paralisa, pois condena o indivíduo às suas limitações atuais.

A socialização do texto produzido constitui, é bom se reiterar, elemento-chave de qualquer prática de oficina de escrita. Tanto quanto a experiência de laboratório, que é desdobrada diante da análise dos interessados, a produção da oficina literária também, por definição, é submetida à apreciação dos pares, parceiros de jogo. Mais do que simples divulgação interna de um texto inédito, as trocas que se seguem a essa exposição são consideradas como fonte específica de aprendizagem.

Uma das principais referências do vocabulário comum que fomos adotando ao longo dos encontros foi a noção de foco de jogo, marco zero da oficina. Em várias oportunidades, os participantes chegaram a transferi-la para o domínio da escrita, transferência essa que se revelou bastante operacional quando se precisava identificar, por exemplo, o caráter essencial ou não de uma passagem.

Cada encontro era composto de pelo menos três etapas fundamentais:

– Aquecimento, por meio de modalidade lúdica envolvendo o grupo todo;
– Um jogo teatral, escolhido pelos coordenadores em função de seu potencial para gerar ficção, realizado por diferentes subgrupos e avaliado pela platéia em termos do seu foco;
– Proposta de escrita encaminhada pelos coordenadores, a partir de temas, situações, personagens, climas, trazidos à tona pelo jogo.

A referência a esse roteiro básico, contudo, é insuficiente para dar conta dos elementos peculiares que marcaram o processo. O interesse

DO JOGO AO TEXTO: DOIS DISPOSITIVOS FICCIONAIS

de três procedimentos por nós elaborados ou sistematizados, cuja capacidade de mobilizar os participantes foi suficientemente atestada ao longo do caminho percorrido, marcou, de modo particular, nossas descobertas. Estamos fazendo menção à importância das trocas verbais a partir da leitura dos jogos, à relevância das propostas de re-escrita e ao impacto da comunicação oral dos textos recém-escritos.

DIÁLOGOS A PARTIR DA LEITURA DOS JOGOS

Uma vez efetuada a avaliação do jogo teatral nos moldes habituais, ou seja, em torno do foco estabelecido pelos coordenadores, propusemos uma prática inédita: a instauração de trocas verbais entre os jogadores a partir da experiência comum representada pela leitura das cenas, com o propósito de nutrir o imaginário dos participantes. Esses diálogos consistem, com efeito, numa fase intermediária entre a avaliação coletiva do jogo e a escrita individual, que a sucede.

Cabe esclarecer que não se trata de usar passagens desses diálogos de modo literal dentro do texto a ser engendrado, ou, menos ainda, de retratar, por meio da linguagem escrita, os jogos assistidos. O que se tem em vista é, antes de tudo, possibilitar que os autores se apropriem da rica matéria-prima constituída por diferentes reações à leitura daquilo que é retratado dentro da cena, de modo a poderem fertilizar um texto a ser ainda gestado.

Reunidos em subgrupos formados em função do desejo de abordar uma ou outra cena, os participantes – tanto os que atuaram, quanto os que assistiram – são convidados a se manifestar, trocando considerações sobre aspectos temáticos não abordados diretamente no jogo, mas que tenham emergido ou sido suscitados a partir dele. Muitas vezes, o preenchimento de lacunas deixadas pela cena pode gerar férteis trocas de impressão: como cada um situaria a hora do dia ou da noite em que ocorrem os acontecimentos mostrados, a data, o local, a temperatura reinante, a cor das paredes, os sons ouvidos no ambiente e assim por diante.

Questões que contribuam para alimentar o imaginário são lançadas pelo coordenador, tomando sempre cuidado para que sua formulação leve em conta aquilo que for perceptível através dos sentidos. Assim, em relação a uma operária desempregada que apareça em cena, é mais interessante, nessa perspectiva, trocar impressões sobre o tecido do vestido que está usando no dia em que ocorrem os acontecimentos, sobre o cheiro que exala de seu corpo, sobre a textura de sua pele, do que traçar conjecturas sobre sua história de vida, por exemplo.

Ao dialogar sobre os aspectos sensoriais que perpassam o universo temático da cena assistida, os jogadores têm ocasião de promover

122 ENTRE O MEDITERRÂNEO E O ATLÂNTICO, UMA AVENTURA TEATRAL

um cruzamento de imaginários, ampliando assim a gama de suas percepções. Associações e analogias relativas a sabores, cores, formas, sensações táteis, sonoridades, odores dão margem a conotações que tendem a adensar os elementos trazidos à tona pelo jogo teatral. A partir da massa de dados originada por esses diálogos, cada participante é convidado a selecionar aqueles que lhe pareçam os mais instigantes, de modo a incorporá-los à escrita de ficção à qual vai se lançar, amparado pelas regras sugeridas pelo coordenador.

DESAFIOS DA RE-ESCRITA

Entre as etapas desse tipo de oficina, a da re-escrita é, sem dúvida, a mais delicada. Análoga à retomada do jogo, mencionada no terceiro capítulo, do ponto de vista do coordenador a re-escrita implica a formulação de pistas que favoreçam uma melhor elaboração do texto, a partir das potencialidades nele detectadas.

A conhecida asserção de Ricardou, "Saber escrever é saber re-escrever[1]" ganhou em nossa prática toda sua envergadura, uma vez que retomar o texto consistiu, antes de mais nada, em considerar a própria língua como objeto de trabalho.

Voltar a um texto já escrito, tendo em vista melhorá-lo, implica logo de início distinguir a re-escrita da correção[2]. Esta última diz respeito à retificação de um erro, à confrontação com uma norma; ocorre em um segmento limitado do texto, mais comumente o da frase. Já a re-escrita opera no nível do texto, admite várias soluções e supõe negociação. Cabe ao coordenador do processo colocar-se de acordo com o participante quanto aos critérios dessa operação, propor regras, finalidades e sugerir rumos.

Uma das maiores dificuldades está no fato de que a tendência dos participantes é reduzir a re-escrita à correção. Na perspectiva inicial dos atuantes, o interesse do ato de escrever deveria residir na expressão de idéias pessoais; nessa ótica, re-escrever equivaleria a admitir um insucesso. Na medida em que a retomada do texto nos moldes mencionados acima, só pode ser construída sobre a base de uma interação peculiar entre coordenador e componentes do grupo, desconhecida naquele contexto, o processo apresentava instigante caráter de novidade. Não podemos negligenciar um aspecto relevante do procedimento preconizado: o ato de problematizar, no seio do grupo, as opções tomadas por ocasião das retomadas da escrita implica alto grau de exposição da personalidade do autor.

---

1. D. Bessonat, "Deux ou trois choses que je sais de la réecriture", *Pratiques*, p. 5.
2. Idem, p. 7.

De modo similar ao que havia sucedido com outros grupos, o próprio desenrolar do processo trouxe em seu bojo uma nova compreensão dos desafios que então lançávamos. Foi possível então constatar que o mito insidioso da inspiração imediata necessitava ser revisto e substituído por sucessivas operações de transformação textual. Pouco a pouco a maior parte do grupo passou a entrar no jogo e a ter prazer em jogá-lo.

Re-escrever tem como meta não apenas melhorar o produto texto; ao fazê-lo, o autor está simultaneamente construindo novas competências textuais. Pudemos verificar que esse procedimento vai além da adaptação da escrita a um projeto prévio. Ele, em si mesmo, colabora para a formulação do projeto, pois pode ocasionar o surgimento de perspectivas inéditas e de múltiplas descobertas.

A questão básica que se coloca para o coordenador, no que diz respeito à condução da re-escrita, é a de encaminhar propostas que possam se tornar operacionais em uma dada situação de produção de texto.

No âmbito da experiência aqui tratada, sempre propusemos um procedimento específico de re-escrita, para cada texto produzido. Ele provinha de um dos coordenadores ou, em alguns casos, de algum membro do grupo. Em termos do tempo decorrido entre a primeira e a segunda versão, houve retomadas imediatas e outras diferidas. Uma estratégia indireta foi utilizada com boa repercussão: proibir o uso de determinados termos, tendo em vista evitar soluções de facilidade que tendem a banalizar o texto. Palavras como *amor, sonho, pureza, problema, bonito, muito, sempre*, foram alegremente expurgadas do vocabulário dos participantes.

Entre as propostas com maior potencial de transformação podemos citar:

– Reforço do paralelismo de dois personagens, quando um é o espelho ou a antítese do outro;
– Modificação da ordem do discurso em relação à história;
– Alteração do ponto de vista da narrativa;
– Homogeneização ou oposição de diferentes registros de língua;
– Introdução de sensações tácteis, visuais, gustativas etc.

Essa última modalidade é a que mais intrinsecamente se relaciona com os problemas de atuação lançados nos jogos teatrais, que têm na consciência sensorial um fator preponderante. Ela corresponde a uma instrução de re-escrita que, no nível do texto, é similar à instrução para *fisicalizar* um objeto, uma ação ou um personagem dentro da área de jogo. Da mesma maneira que *fisicalizar* contribui para a quebra da linearidade do enredo no jogo teatral, uma instrução nesse mesmo sentido, por ocasião do ato de re-escrever, engendra uma verticalização do tratamento da língua enquanto meio de transposição simbólica.

124 ENTRE O MEDITERRÂNEO E O ATLÂNTICO, UMA AVENTURA TEATRAL

Em função dessas características, a solicitação de que elementos de caráter sensorial permeassem a escrita revestiu-se de especial relevo em nossa prática, como os exemplos poderão demonstrar.

COMUNICAÇÃO ORAL DOS TEXTOS

Dada a natureza teatral de nossa aproximação da escrita, procuramos sugerir um modo coerente com esse aspecto para que os autores comunicassem os textos criados. Partimos da distinção conceitual entre a leitura – tratamento visual de signos visando ao estabelecimento de significado – e a transmissão oral do texto escrito[3], enfatizando esta última.

A ênfase na oralidade coincide com um traço importante da cultura local, onde o saber de cor, principalmente trechos do Alcorão, mas também passagens literárias de outros tipos, é prática social altamente valorizada. Diz-se, inclusive, que o poeta árabe escreve não para ser lido, mas para ser escutado.

Tínhamos como princípio comunicar por meio da voz, não o próprio texto, mas sempre o texto de outro, escolhido deliberada ou arbitrariamente. Um dos pressupostos era o de que o fulcro da apreciação coletiva seria sempre a escrita, não o seu autor.

Dizer um texto diante de outros implica uma série de fatores, nem sempre evidentes. Aquele que diz – de cor ou a partir de leitura – impõe a presença de um corpo em um espaço determinado e mobiliza pelo menos a voz e o olhar para comunicar. Paul Zumthor, ao analisar a transmissão literária pela voz, a caracteriza como uma *performance*, em suas palavras o "único modo vivo de comunicação poética"[4]. O autor caracteriza a performance como fenômeno no qual o corpo é elemento irredutível. Ao colocar assim em relevo a forte implicação corporal da transmissão oral do texto, Zumthor aponta para as potencialidades do caráter imediato da relação estabelecida entre emissor e receptor.

Se as nuances dos sons emitidos pela voz parecem ser mais facilmente observáveis, a relevância do olhar não é menor nessa comunicação.

O olhar é um sentido que opera tanto na recepção quanto na emissão. Caso o contador de histórias não saiba fazer sua voz deslizar sobre o fio do próprio olhar, não chega a captar a atenção do outro e a recepção acaba prejudicada. Para acompanhar a comunicação, o olhar do emissor deve afrontar o do espectador. A fuga do olhar manifesta recusa de entrar em relação. Além disso, o olhar deve estar disponível à resposta do ouvinte e entender o seu "feedback"[5].

3. E. Bajard, *Ler e Dizer*.
4. P. Zumthor, *Performance, Recepção, Leitura*, pp. 39-40.
5. E. Bajard, op. cit., p. 100.

Transmitir oralmente um texto sempre implica um grau, ainda que mínimo, de teatralização. Assumir o discurso direto de um personagem exige um investimento pessoal; naquele momento, corpo e voz de quem comunica o texto são emprestados ao ser fictício, exatamente como ocorre, numa amplitude maior, com o ator. Para evidenciar esse teor performático da transmissão oral, colocamos em relevo, através de diferentes práticas, a configuração espacial, os objetos cênicos e, muito particularmente, as características paralingüísticas da emissão vocal. Variações de timbre, entonação, ritmo e fraseado geraram multiplicidade de significados.

A transmissão oral do texto constituiu, portanto, uma vertente de grande relevo em nossa prática. Diferentes modalidades de jogos com o olhar tenderam a enriquecê-la. A comunicação dos acrósticos produzidos, por exemplo, foi feita por meio da modalidade conhecida como *pingue-pongue*. Mediante um procedimento de triangulação entre o jogador, o parceiro e a platéia, cada porção de texto é comunicada com o cuidado de tornar precisa a direção do olhar de quem diz e de quem recebe a emissão.

Na perspectiva de desenvolver a comunicação não-verbal dos membros da oficina, vários dos jogos propostos enfatizaram o sentido da visão e a capacidade de estabelecer trocas por meio do olhar. O tema, na verdade, foi recorrente em nossa oficina; ele aparecia durante e na avaliação dos jogos, com intensidade. A importância do olhar se faz presente também em muitos dos textos ficcionais produzidos, como será possível constatar.

Sabe-se que, no dia a dia, dentro do mundo árabe, a comunicação através do olhar tem grande relevância, o que se pode facilmente perceber, por exemplo, ao circular em qualquer rua. Mulheres – cobertas e menos cobertas – e homens de todas as classes sociais se valem de um sem número de nuances de olhar para transmitir mensagens que, por uma ou outra razão, não convém ao discurso exclusivamente verbal assumir. Assim sendo, parece que, de certa maneira, a prática da oficina legitimou esteticamente uma modalidade de comunicação privilegiada no cotidiano, mas nem sempre transformada em objeto de reflexão.

Descrevemos a seguir a realização de seis trajetórias que conduzem do jogo ao texto, efetuadas no âmbito da oficina. Ilustramos cada uma delas com um dos textos produzidos pelos participantes. A versão final de alguns desses textos aqui presentes incorpora sugestões de reescrita apresentadas ao longo dos encontros.

O CORPO DA LETRA

a) Proposta de jogo: em grupos de três, escrever com o corpo as iniciais dos nomes, usando diferentes planos no espaço;

126 ENTRE O MEDITERRÂNEO E O ATLÂNTICO, UMA AVENTURA TEATRAL

b) Proposta de escrita: acróstico a partir do próprio nome;
c) Observações: o vínculo entre essa proposta e a excelência da cultura muçulmana em termos de caligrafia, foi objeto de enriquecedoras considerações efetuadas pelos membros do grupo.
d) Texto produzido:

> *Lève-toi, une journée commence*
> *Enfin, à quoi va-t-elle servir?*
> *Ouvrir les yeux, se laver, manger, boire...banalités*
> *Ne pas voir les misères du monde*
> *On se sent parfois inutile, lâche*
> *Remettre tout en question*[6].

(L. V., IF)

ESPELHO

a) Proposta de jogo: a dois, um realiza uma atividade diante do espelho, que é simultaneamente espelhada pelo outro;
b) Trocas verbais: em sub-grupos de três, cada um enuncia frases sobre a ficção resultante do jogo realizado, que podem ser ou não acatadas pelos companheiros. Cada membro é convidado a registrar duas frases que considere pertinentes;
c) Proposta de escrita: integrar pelo menos uma dessas frases num texto de ficção narrado por um dos três personagens, a escolher: empregada doméstica, garçom de café ou caixa de estacionamento;
d) Observações: a regra de adotar um ponto de vista diferente do seu, gerou forte desejo de escrever. Com certa freqüência, havíamos verificado que o participante falava de si mesmo, inclusive quando criava personagem. A escolha de pontos de vista distantes do modo de vida dos autores contribuiu para que eles saíssem de seu quadro de referências habitual, o que resultou em textos interessantes. O procedimento reitera o postulado de Michel Vinaver: "Quanto mais alguém se distancia de si, mais se encontra no centro de si"[7].
e) Texto produzido:

---

6. Levante-se, um dia começa
   Enfim, para que vai servir?
   Abrir os olhos, lavar-se, comer, beber...banalidades
   Não ver as misérias do mundo
   A gente se sente às vezes inútil, covarde
   Colocar tudo em questão.
7. D. Lemahieu, "Ateliers d'écriture dramatique", *Théâtre/Public*, n. 99, pp. 40-41.

DO JOGO AO TEXTO: DOIS DISPOSITIVOS FICCIONAIS 127

SEGUNDO ENCONTRO

Eu servia clientes:
De passagem.
Meus gestos mecânicos foram rompidos.
Interrupção repentina à vista dela.
E o tempo se desequilibrou.
Retomei então esses movimentos
até então esquecidos. A volúpia me habitava
ainda; já despertada.
A lentidão é um triunfo sobre a
temporalidade.
Ela me olhou também. Espelho
de uma vida. Libertação. A imagem
de nosso reencontro impressionou.
Clientes preocupados. Suas xícaras,
suas palavras, suas fumaças.
Foi como um começo.

(B.C.C., IF)

AGIR

a) Proposta de jogo: diferentes verbos indicando ações concretas propostas por eles mesmos em segredo, são sorteados, sem que se saiba quem vai jogar qual verbo. Uma pessoa entra na área de jogo, realiza e mantém a ação indicada pelo verbo que lhe coube por sorteio. Entra um segundo jogador que inicia e mantém outra ação, por ele mesmo determinada, de alguma maneira relacionada com a primeira e assim por diante. Participam quantos jogadores desejarem;

b) Trocas verbais: após a realização das diferentes rodadas do jogo, cada participante decide qual delas vai ser sua fonte de escrita. Reunidas em subgrupos compostos por jogo escolhido, as pessoas são convidadas a conversar sobre ele, de modo a complementar aquilo que tinha sido visto: onde aconteceu a cena (ambiente imediato e mais amplo), quando (momento do dia, mês, ano), a que horas, qual era o clima (meteorológico), que cores, odores estavam presentes etc. Cada participante alimenta a conversa com suas próprias interpretações a respeito desses tópicos, e, a partir dos dados que emergem, constrói uma situação;

c) Proposta de escrita: texto de ficção incorporando aspectos do jogo escolhido e algum elemento formulado por ocasião do diálogo no subgrupo;

d) Observações: um dos jogos mostrou um quiproquó a partir de *telefonar* e originou o texto "Aniversário", citado no capítulo anterior. O verbo *sair* gerou um jogo no registro *non-sense* em torno de um

128 ENTRE O MEDITERRÂNEO E O ATLÂNTICO, UMA AVENTURA TEATRAL

movimento frenético de abrir e fechar de portas; do verbo *andar* surgiu uma situação de assédio e sedução. Essa proposta de jogo teatral, caracterizada por uma dinâmica de constantes transformações, apresenta a vantagem de resultar em situações não convencionais e mesmo inverossímeis, o que pode ser de grande interesse para o processo de descondicionamento da escrita.

e) Texto produzido:

UM DIA QUE ERA NOITE

Era meia hora antes da meia-noite de um dia de junho do ano passado. Chovia sem parar, mais de uma centena de pessoas saía da sala de cinema. Justo no momento em que se ia atravessar a porta, uma pane de eletricidade mergulhou a cidade numa escuridão total. Lá fora as trevas eram profundas, só se distinguia o som da chuva sobre o calçamento e o cheiro de terra molhada. A multidão estava silenciosa. Tudo isso durou alguns segundos, uma saída em massa começou então. Mas as pessoas saíam sem se ver, como se cada um tivesse criado sua própria porta.

(N.A., IF)

O FIO DO TEXTO

a) Propostas de jogo: aquecimento a partir da noção de fio; fio do olhar, fio de marionetes etc. Colocar-se de acordo sobre um objeto grande a ser transportado em grupo – significante imaginário – *fisicalizando-o*;

b) Proposta de escrita: carta datada de 1908, encontrada num porão, onde apareçam *fio* e dois dentre os objetos transportados: *piano* e *estátua*;

c) Observações: o texto "Monotonia", mencionado no capítulo anterior, surgiu desta proposta.

d) Texto produzido:

VIAGEM A TÂNGER

Tânger, 1ª de maio de 1908

Minha querida mãe

Sei que você aguarda minha carta com impaciência. A viagem de barco de Al Hoceima a Tânger durou uma noite inteira e, quando chegamos, o dia acabava de amanhecer. Meu tio Allal e o Sr. Simon, seu patrão, estavam me esperando no porto. Os funcionários da alfândega só olharam meu passaporte, sem se preocupar com os outros papéis, contrato de trabalho e certificado de hospedagem. No entanto, ao revistarem, cortaram o fio que estava amarrando minha mala grande.

Tive dificuldade para transportá-la depois disso. Que idéia, mamãe, de mandar todas aquelas coisas para o meu tio! Figos, azeite de oliva, semolina...?

DO JOGO AO TEXTO: DOIS DISPOSITIVOS FICCIONAIS   129

Você acha que essas coisas não existem aqui? Nos dois primeiros dias passei a noite na casa de meu tio. O Sr. Simon me deu dinheiro para ir ao banho e comprar roupas. No terceiro dia ele veio me buscar para me levar à sua casa, onde sua mulher estava nos esperando. Ela me mostrou o quarto que eu divido com Amina, uma moça de Larache.

A casa do Sr. Simon é muito grande. Uma outra mulher, Zahra, a cozinheira, vem trabalhar de dia. Amina e eu cuidamos da limpeza e às vezes acompanho o Sr. Simon ao mercado.

Na entrada da casa, duas grandes estátuas representando escravos seguram archotes. Enquanto tiro a poeira, converso com elas em "rifenho"[8] e Amina goza de mim. Não consigo ainda falar árabe nem espanhol.

A família do Sr. Simon é simpática, sobretudo sua filha, Srta. Sonia, que me sorri todo o tempo. Ela me pediu que lhe ensinasse o "rifenho". Gosto muito de ouvi-la tocar piano no salão, enquanto limpo a casa. Às vezes paro e a observo com admiração. Como ela é elegante e graciosa!

Tânger é uma cidade maravilhosa, com a animação da noite na avenida, nos cafés e nos bares.

Os estrangeiros, franceses, espanhóis, ingleses, italianos, são numerosos... As mulheres são muito bonitas e passeiam com liberdade, sentam-se nos terraços de café, entram nos bares. Estou maravilhada. Assim que tiver um pouco de dinheiro, lhe enviarei para que você possa verificar com os seus próprios olhos. Entendo porque você insistiu para que eu deixasse nossa cidadezinha.

Espero que minha carta encontre vocês em plena saúde. Beije meus irmãos e irmãs. Penso em vocês e os amo.

Tua filha

(N. N., IF)

CHARADA

a) Proposta de jogo: o grupo escolhe uma palavra passível de ser decomposta em duas ou três porções de sentido. Cada uma delas origina um jogo no qual o espaço, os personagens e a ação são definidos previamente, de modo que a referida porção de sentido, embora nunca verbalizada ao longo do jogo, seja o aspecto central. O desafio é evidenciar a noção nela contida, sem no entanto mencioná-la. Uma vez jogadas sucessivamente todas as porções de sentido, a platéia é convidada a ler as cenas e a recompor a palavra de origem;

b) Observações: apareceram: *pomme de terre* (batata), desdobrada em *pomme + terre* (maçã + terra), *corbeau* (corvo), desdobrada em *corps + beau* (corpo + belo) e *parasol* (guarda-sol), desdobrada em *pas + rat + sol* (passo + rato +solo);

c) Proposta de escrita: duas cartas, sendo que a segunda é resposta

---

8. Dialeto berbere falado no Rif, cadeia de montanhas no norte do país.

130   ENTRE O MEDITERRÂNEO E O ATLÂNTICO, UMA AVENTURA TEATRAL

da primeira; cada porção que havia sido objeto de jogo deve aparecer em uma delas; ambas as cartas são escritas na mesma mesa ficcional.

d) Texto produzido:

ENCONTRO PARA UMA SEGUNDA VIDA

Querida Nadia

Sua reaparição me rasgou o coração; precisei de quinze anos, não para esquecer, mas para me habituar. Esses anos todos, eu os vivi como uma longa noite fria e sem saída, na solidão e na ausência. A única relação que eu guardei com o mundo é esse trabalho de professor que exerço por necessidade. Sua imagem não me deixou nunca um só instante. Trabalho dia e noite. Bebo sistematicamente, é o único remédio que permite evitar a solução final a um perdido como eu.

Ontem de manhã, no hall da escola, fiquei completamente transtornado ao vê-la repentinamente na minha frente. O peso acumulado de tantos anos de desespero me impediu de aceitar a alegria brutal de revê-la.

O destino quis nos aproximar de novo, ele nos dá uma nova chance. Estávamos separados por centenas de kilômetros. E agora cá estamos, não só na mesma cidade, mas a ironia da sorte faz com que dividamos a mesma mesa da mesma classe. Vamos fazer como antes. Lembre-se dos nossos esconderijos dos bons tempos, das delícias que vivíamos à revelia de todo mundo, das nossas brincadeiras, nossas aspirações à vida e à liberdade.

Hoje de manhã na sala dos professores, ao apertar a sua mão, fiquei eletrizado. Queria apertá-la em meus braços pela eternidade. Mas para não provocar uma onda de curiosidade, fingi não conhecê-la afim de disfarçar.

Morro de vontade de saber o que aconteceu com você depois da nossa separação. Responda o mais rápido possível. Faça como eu, dê exercícios a serem feitos na classe aos alunos, e me escreva essa tarde. Você colocará a carta na gaveta esquerda da mesa, eu a pegarei na minha aula das cinco horas e, se você quiser, daqui em diante vamos nos escrever na classe e utilizar a gaveta como caixa íntima de correspondência. Assim seremos preservados das más línguas e poderemos marcar nossos encontros com toda serenidade e organizar nosso mundo como fazíamos antes.

Até breve, meu amor.

—————————

Mokhtar

Meu querido Mokhtar

Você não pode imaginar como fiquei feliz quando, por acaso, o vi no hall da escola. Até então tinha perdido a esperança de reencontrá-lo, reconheço. Na época, eu havia cedido às pressões de meus pais, mas como eu me arrependi depois! É verdade, meu marido tinha uma situação melhor e nós tivemos uma bela menina e um belo garoto, mas, na realidade, como mulher, nunca fui feliz. A única felicidade da minha vida, conheci com você. Depois de meu casamento, tive vergonha de mim. Em meu desespero, quis me divor-

DO JOGO AO TEXTO: DOIS DISPOSITIVOS FICCIONAIS   131

*ciar, mas era tarde demais, não podia voltar atrás. Esperei revê-lo para pedir
conselhos, mas você já não estava mais.*

*Mais tarde me divorciei, depois lutei para conseguir a guarda dos meus
filhos. Inscrevi-me em seguida no centro de formação de docentes e agora
sou professora.*

> *Meu menino se chama Farid. Logo ele vai fazer doze anos, e minha filha
Layla vai completar dez anos. São os únicos companheiros da minha vida.
Eles me deram muita coragem e afeto. Minha filha Layla sofre de asma; os
médicos me aconselharam a vir a esta cidade por causa do ar seco. Felizmente a sua escola precisava de uma professora de francês, o que permitiu nosso
reencontro. Eu fiz como você pediu. Dei exercícios aos alunos e deixei minha
carta-resposta na gaveta da nossa mesa comum. Acho sensato que guarde-
mos nossa relação em segredo, para evitar o blá-blá-blá da nossa sociedade
considerada conservadora, senão em consideração a mim, sobretudo pelas
crianças[9].*

Nadia

(M.O., IF)

CRUZAMENTO

a) Proposta de jogo: Dois parceiros combinam dois personagens e um
tema de conversa. A um sinal, o jogador A procura modelar todo
seu corpo, seu rosto, sua voz, sua atitude, de modo a imitar o mais
possível o seu interlocutor, enquanto mantém a argumentação que
já vinha desenvolvendo. Repete-se com o jogador B;

b) Proposta de escrita: Escolher um personagem entre os que apareceram e redigir texto correspondente a três dias de seu diário;

c) Observações: As noções de transformação, e eventualmente de conflito com as quais se lida nesse jogo, podem ser férteis em termos
de incitação à escrita. O texto *A Mulher do Contrabandista*, mencionado no capítulo anterior, procede desse jogo teatral. O tema do
contrabando apareceu de modo recorrente na ficção elaborada. Ele
se faz efetivamente presente no cotidiano da população do norte
marroquino; poucas semanas depois da concepção dos presentes
textos, uma severa repressão à chamada "Máfia do Rif", rede de
economia paralela que envolve a comercialização da maconha, a
emigração clandestina e o contrabando, intensificou a consciência
do problema em todo o país.

d) Texto produzido:

---

9. Na primeira carta aparece *terre*, em *les délices que nous prenions à l'insu de la
terre entière*, traduzido por *à revelia de todo mundo*. Na segunda carta constam *beau*
em *un beau petit garçon*, traduzida por *um belo garoto* e *pas*, em *si ce n'est pas pour
moi*, traduzido por *senão em consideração a mim*.

SE VOCÊ VIVE COM UM CONTRABANDISTA

Não liguei a televisão hoje. O rádio também não. Nenhum jornal será lido em minha casa: essa campanha mediática do governo me irrita. "O contrabando prejudica a economia do país". Não, não prejudico ninguém, tento simplesmente viver. Foram os governos sucessivos que mataram o país, que não o dotaram de uma base econômica sólida e levaram ao contrabando.

"O contrabando mata". O que vão pensar meus filhos? O pai deles é um assassino? Eu me mato para garantir a eles as necessidades elementares de uma vida decente; o governo me culpa. Que ele instaure então uma cobertura social para instruir as crianças do povo, que garanta a elas uma assistência médica.

"Os produtos do contrabando são de má qualidade". Bobagem! Eles são muito melhores do que a mercadoria local. Aliás, a maior parte de meus clientes pertence à alta sociedade e tenho certeza que as casas dos ministros são equipadas com produtos importados exonerados de impostos: contrabando legitimado!

Contrabandista eu sou. Contrabandista continuarei sendo até que eles paguem seus impostos, até que o funcionário da alfândega me cumprimente do mesmo modo que cumprimenta aquele carro preto que atravessa a barreira sem controle.

Hoje de manhã, saindo de casa, dei uma olhada em meus dois filhos que, sem preocupações, estavam mergulhados no sono, com o polegar na boca. É por eles que eu me aventuro. Espero que não levem essa vida humilhante.

Não tive dificuldades para chegar ao posto da fronteira. Os funcionários da alfândega me receberam com os largos sorrisos que denunciam suas intenções: quanto mais amplo é o sorriso, mais você deve pagar, como se a cada dente correspondesse uma unidade monetária fixa que ainda não aparece em nenhum dicionário de símbolos.

Uma vez efetuadas as formalidades administrativas, dirigi-me aos meus fornecedores habituais. Uma hora foi suficiente para fazer minhas compras, mas levei duas horas para dissimular alguns anéis e pulseiras nas ombreiras de meu paletó e nos saltos de meus sapatos. Passei a tarde em um café esperando o cair da noite: tinha previsto sair por uma zona sem vigilância e alcançar a cidade a pé por caminhos pouco freqüentados.

Por volta das sete da noite, coloquei meu plano em execução. Vinte minutos foram suficientes para estar no campo e livre. A imagem de meus filhos e de minha mulher me esperando para o jantar me levava a apressar o passo. Felizmente posso esquecer minhas dificuldades na felicidade familiar!

Estava mergulhado em meus pensamentos quando o latido de cães selvagens me fez sobressaltar. Seus dentes brancos cintilavam na escuridão dessa noite fria, me lembrando os sorrisos amplos dos funcionários da alfândega. Seus olhos brilhavam como brilha de interrogações o olhar silencioso de meus filhos.

A horda de cães me escoltou, sem me fazer mal, até a entrada da cidade e desapareceu na escuridão. Aparentemente os cães haviam compreendido

DO JOGO AO TEXTO: DOIS DISPOSITIVOS FICCIONAIS 133

*que eu era um pobre pai de família procurando desesperadamente satisfazer
as necessidades da família. O governo não compreendeu*[10].

(M. J., IF)

DE UMA FICÇÃO A OUTRA

Duas práticas expressivas, duas modalidades de ficção, duas preocupações contíguas estão conectadas nessa abordagem. O desenvolvimento de cada uma delas, por si só, implica uma progressão a ser cuidadosamente refletida pelos responsáveis do processo.

Uma das questões de ordem pedagógica que se coloca em oficinas desse gênero é como conciliar duas progressões, a da capacidade
de jogo e a da escrita. Alguns cuidados foram tomados no sentido de
promover um aumento contínuo e gradativo das dificuldades. Em termos das propostas de jogo, acreditamos que um considerável grau de
coerência tenha sido atingido. Entre os passos iniciais, voltados para a
incorporação da noção de foco e os jogos teatrais mais complexos
integrando espaço, ação e personagem, um claro percurso foi percorrido. No que concerne à escrita, prática individual, a apreciação é menos conclusiva. Talvez em termos da extensão do texto sugerido – do
poema curto a três dias do diário de um personagem – a progressão
tenha aparecido com maior nitidez aos olhos dos participantes. Vale
ressaltar que dentro de qualquer prática de oficina, ela é ditada, em
última análise, pelas necessidades oriundas do próprio processo.

Oficinas dessa natureza exigem que se pense diacrônica e sincro-
nicamente. Não temos apenas dois percursos de ordem artística se desenvolvendo paralelamente, dentro de uma seqüência encaminhada pela
coordenação. O aspecto preponderante da trajetória apresentada reside na relação a ser formulada entre esses dois processos a cada encontro, enquanto desafio central da oficina.

O interesse da sucessiva retomada de versões de um texto em curso foi especialmente salientado. Para tanto, a interação entre os coordenadores, o autor e seus pares se configurou como capital. Constata-
mos que a re-escrita nesses moldes tem um caráter primordialmente
dialógico, uma vez que o autor incorpora o ponto de vista do outro ao
seu próprio texto. A potência dessa dinâmica foi gradativa e praze-
rosamente descoberta pelos componentes do grupo. Eles tiveram, assim, ocasião de reconstruir sua experiência da escrita.

Nossa investigação sobre trajetórias de caráter lúdico conduzindo
ao texto ficcional, mostra que uma das grandes contribuições que o

---

10. A proposta foi ligeiramente alterada, pois o texto cobre apenas um dia do
personagem.

jogo teatral pode dar ao processo de desenvolvimento da escrita é a ênfase na experiência sensível, tanto por parte daquele que atua, quanto por parte de quem assiste ao jogo.

A noção de *fisicalização*, inerente ao sistema de Spolin, permite ao jogador desenvolver sua consciência sensorial por meio da relação lúdica com o parceiro. O mergulho na experiência sensível propiciado por ela faz cair por terra a preocupação com a linearidade da fábula. As situações cênicas que acabam se configurando são decorrência direta dessa imersão. No caso de nossa oficina, observamos que o conceito pode também ser estendido com sucesso a dois outros momentos do processo.

Uma das etapas em que aquele conceito dinamiza o imaginário é a da troca de impressões sobre o universo temático oriundo do jogo. A segunda diz respeito ao próprio ato da escrita, que muito se enriquece quando impregnado por essa busca de *fisicalização*. Visto que o termo já era conhecido dos participantes, a instrução de *fisicalizar* um odor ou um ambiente por exemplo, dentro do texto, revelou-se altamente operacional. É o que ocorria quando o texto apresentava termos genéricos que remetiam mais a conceitos vagos do que a metáforas de caráter sensível. Nesses casos, eram emitidas instruções de retomada da escrita, com o propósito de fazer emergir a densidade da percepção através dos sentidos.

Assim como ocorre no âmbito da prática do jogo teatral, os procedimentos sistematizados pela oficina em relação à escrita têm uma peculiaridade: ao invés de privilegiarem a inventividade do enredo, trazem para o primeiro plano as conotações possibilitadas pelo aspecto tangível da dimensão sensorial.

Sabemos que a escrita é, antes de mais, nada comunicação com o ausente. À primeira vista pode parecer paradoxal que nossa experiência de convite à escrita tenha feito aflorar tão intensamente a relevância da interação entre os participantes, solicitada não apenas durante o jogo, mas também por ocasião da sua leitura e do processo de re-escrita. Em nosso caso, a forte presença do outro e o caráter insubstituível das trocas realizadas ganharam, com efeito, uma dimensão singular. Foram eles que sustentaram a edificação de uma ponte conduzindo a esse leitor ausente.

Numa mesma trama estão aqui tecidos elementos oriundos de dois dispositivos ficcionais diferentes, cuja contigüidade foi ressaltada. Seu exame pode apontar rumos originais no campo pedagógico.

6. Encontro das Águas

Em "La Busca de Averroes" um dos textos do *Aleph*, Jorge Luiz Borges narra as vicissitudes enfrentadas pelo famoso filósofo árabe em pleno século XII, imerso na tradução da *Poética* de Aristóteles. Suas tentativas para compreender o sentido dos termos *tragédia* e *comédia* resultam vãs. Em dado momento, ele interrompe o trabalho e se dirige à janela.

embaixo, no pátio estreito de terra, brincavam meninos semidespidos. Um, de pé nos ombros do outro, era o almuadem[1]; com os olhos bem fechados, salmodiava "Não há outro deus além de Deus". O menino que o sustentava, imóvel, era o minarete; o outro, abjeto na poeira, ajoelhado, era o grupo de fiéis. A brincadeira durou pouco; todos queriam ser o almuadem, ninguém queria ser o grupo de fiéis nem a torre.

A imitação de uma ação, central no texto de Aristóteles, tem lugar diante dos olhos de Averroes. O faz-de-conta das crianças, apesar de não ser nomeado ou conceituado por ele, não deixa por isso de ser menos tangível. No entanto, como a representação teatral não se inscreve em suas referências de homem árabe, ele não dispõe dos recursos que lhe permitiriam perceber o potente vínculo entre o jogo e o teatro.

Ao contrário de Averroes, os participantes das oficinas teatrais realizadas foram essencialmente mobilizados em função desse vínculo.

1. O termo se refere ao religioso que, do alto do minarete, chama os fiéis para as orações na mesquita.Tradução da autora.

136 ENTRE O MEDITERRÂNEO E O ATLÂNTICO, UMA AVENTURA TEATRAL

Atividade comum a crianças de toda e qualquer cultura, o agir *como se*, já presente no jogo de faz-de-conta, constitui o elemento fundamental do teatro. Esse prazer lúdico de passar a *ser outro* dentro de um espaço-tempo circunscrito, primordial durante a infância dos membros das oficinas, foi retomado em novas bases, incorporando agora a linguagem teatral, a comunicação com a platéia e a abordagem de textos narrativos.

O desafio que se colocava para o pesquisador era considerável. Os membros das oficinas tinham no modelo religioso o quadro de referências por meio do qual interpretavam sua experiência e norteavam sua conduta. As particularidades culturais do meio exigiram um cauteloso esforço no sentido de procurar compreender a visão de mundo dos participantes. Ao mesmo tempo, desde os encontros iniciais tivemos o desejo de instaurar um processo que viesse a superar a mera comparação subjacente entre "eles" e "nós". Uma observação atenta do comportamento das pessoas envolvidas e uma cuidadosa atitude de escuta se aliaram a uma grande prudência na coordenação das oficinas e nos contatos exteriores à experimentação propriamente dita, sobretudo nos primeiros tempos do processo. Um determinado nível constante de vigilância era indispensável para que certas atitudes, termos e gestos mal vistos no meio marroquino, fossem evitados.

Se o teatro é o lugar de reconhecimento do outro, essa constatação revelou no contexto toda sua fecundidade. Entre o Mediterrâneo e o Atlântico, ele foi o veículo para o encontro.

A forte mobilização à qual fizemos referência, não poderia deixar de marcar o pesquisador. Além de ter propiciado a reafirmação do alcance possível de uma experiência teatral efetuada em moldes lúdicos, a estadia em Tetuán colocou em xeque algumas das próprias concepções da responsável pela investigação. A permanência em terras marroquinas promoveu, indiscutivelmente, um alargamento da visão de mundo e uma percepção – vivida na própria pele – da tolerância como valor fundamental. O confronto cotidiano com práticas culturais tão distintas intensificou, ao mesmo tempo, o espírito crítico em relação ao contexto brasileiro. A distância provocou uma visão mais aguda da riqueza humana que constitui nosso país, assim como manteve viva a capacidade de indignação com impasses comuns a nações marcadas por gritantes desigualdades sociais.

Do ponto de vista das pessoas envolvidas na prática teatral proposta, a experiência tinha também muito de inusitada. Ao conceito de teatro que possuíam, correspondia um contato esporádico com a dramaturgia clássica francesa, no melhor dos casos. A noção de jogo, por sua vez, embora integrada ao cotidiano, escapava do âmbito dos temas considerados dignos de exame dentro dos circuitos universitários e de formação docente. A experiência desenvolvida conduziu os participantes a reformularem sua concepção do valor do jogo e, a partir daí, a ampliarem seu conceito de teatro. A noção de espetáculo, tida como prerrogativa de atores talentosos, cedeu lugar a um entendimento mais abrangente da noção de *representação teatral*, que se dá a cada vez que o ausente é tornado presente por meio de alguém agindo *como se*, ao vivo, diante de um público.

Os riscos de incompreensão, no início, eram consideráveis, uma vez que a passagem do texto literário ao texto cênico envolve inevitavelmente a valorização do corpo enquanto recurso expressivo. Ora, este último tende, no Marrocos, a ser negado. Imagens de corpos, tanto femininos quanto masculinos são raras, uma vez que dar forma ao ser humano, conforme salientamos, é prerrogativa de Alá. O corpo feminino é sistematicamente velado e os contatos corporais envolvendo ambos os sexos tendem a ser cercados de interdições.

Conforme esperamos ter demonstrado, os procedimentos empregados permitiram que os participantes conquistassem novas capacidades simbólicas vinculadas à corporeidade. Esses procedimentos tinham como pressuposto a noção de que o grau de envolvimento dos membros do grupo no trabalho teatral seria dosado por ele próprio. Uma tal margem de autonomia dos jogadores engendrou condições para que o corpo, e em particular o movimento, passassem a ser percebidos como recursos expressivos. Na medida em que nunca houve o estabelecimento de limites que necessariamente devessem ser rompidos, em que não havia um ponto de chegada almejado como obrigatório, viabilizaram-se, no nível possível dentro da situação, conquistas relativas a uma corporeidade que *significa*.

Passo a passo, a dimensão lúdica foi propiciando o conhecimento mútuo e o estabelecimento de um processo de aprendizagem perpassado pela noção de prazer. Seriedade, envolvimento e entusiasmo foram traços comuns aos diferentes grupos. Os desafios com os quais nos defrontávamos eram sempre objeto de tentativas de resposta apreciadas no coletivo, o que, de acordo com as próprias pessoas envolvidas, consistiu para elas uma abordagem inédita da atividade artística e pedagógica. Um forte desejo de representação do mundo por meio do teatro foi sendo, cada vez mais nitidamente, expresso pelos participantes.

Da fusão entre nossas propostas e esse desejo, foram emergindo os resultados apontados. Situadas na confluência do teatro, da literatura e da pedagogia, as modalidades lúdicas experimentadas configuraram uma pesquisa-ação na qual a atuação conjunta do pesquisador e dos participantes das oficinas originou novos conhecimentos.

Os resultados a que chegamos mostram, portanto, a natureza da relação pedagógica proposta, descrevem as situações engendradas, os instrumentos mobilizados e indicam modalidades de avaliação empregadas. Assim, didaticamente reconstituídos, esses elementos podem configurar um eixo de trabalho englobando, num único todo, tanto a

138 ENTRE O MEDITERRÂNEO E O ATLÂNTICO, UMA AVENTURA TEATRAL

dimensão estética do teatro, quanto preocupações de caráter educacional.

Os conhecimentos produzidos dizem respeito a duas esferas conexas de intervenção, a ação cultural por um lado, e a formação docente por outro.

No que concerne à primeira, o trabalho fez com que os indivíduos pudessem se apropriar de novos instrumentos que hoje lhes possibilitam formular sua visão de mundo por meio de uma linguagem até então não familiar.

Do ponto de vista da capacitação docente, pelo menos dois aspectos merecem ser salientados. Para os membros da oficina da Escola Normal Superior, a prática desenvolvida e a reflexão paralela abriram perspectivas de uma abordagem expressiva do ensino da língua francesa, que, segundo eles mesmos observaram, transcendem em muito o âmbito dos conteúdos daquela disciplina. No tocante aos participantes que tiveram ocasião de transferir as novas aquisições para o trato com grupos de adolescentes, a experiência se revestiu de um benefício suplementar: permitiu a todos nós o exame do ciclo completo que leva da própria aprendizagem à formulação de condições que possibilitem a aprendizagem do outro.

Ao longo das trajetórias percorridas, além da ótica da emissão, enfatizamos também a recepção do discurso criado por meio do jogo. Quando exerciam a função de espectador, os participantes eram levados a apreender o significado das cenas a partir da análise da combinação entre o texto e os outros sistemas de signos. Intrínseca às próprias modalidades lúdicas utilizadas, a aprendizagem da leitura daquilo que acontece na área da representação faz das pessoas que observam legítimos "locutores da linguagem", na expressão de J. Guinsburg[2].

Além de permitir a abertura a um universo de experiência imaginário, o texto projeta importantes problemas de atuação. Tanto em termos da emissão, quanto da recepção, as oficinas se detiveram na análise não só da ficção elaborada, isto é, da fábula, mas examinaram aquilo que efetivamente se faz em cena. É no nível da *performance*, ou seja, da atividade concreta do jogador na área de representação, que se situam as respostas aqui apontadas.

O texto literário descortina um universo ficcional que nos permite ampliar a apreensão do mundo. Mediante a ficção, o fruidor saboreia "outras vidas" que podem levá-lo a desvendar perspectivas até então não reveladas sobre o ser humano. Antonio Cândido nos lembra que "a literatura desenvolve em nós a quota de humanidade na medida em

2. J. Guinsburg, "Na Cena do Teatro", *Revista USP*, n. 32, p. 177.

que nos torna mais compreensivos e abertos para a natureza, a sociedade, o semelhante"[3].

O texto passa a ser, em nosso caso, um novo parceiro de jogo. Na prática que propomos, ele é visto como uma fonte de significação a ser ludicamente elaborada pelos jogadores. De modo similar ao descrito por Umberto Eco, quando remete aos processos vividos pelo leitor, o jogador também é convidado para, ativamente, construir sentidos a partir de um texto de ficção.

Na medida em que é exterior à experiência do grupo, o que se preconiza é um diálogo com esse texto. O confronto entre aquilo que se conhece e o universo em vias de ser descoberto amplia o quadro de referências do indivíduo, assim como sua possibilidade de apreensão estética. Diante do texto, o jogador é convidado a selecionar significados, a deslocar ou a ampliar dimensões por ele sugeridas. A partir dessas escolhas, formula-se um discurso teatral que se caracteriza por emergir de regras de jogo.

Na grande maioria das modalidades experimentadas conduzindo do texto ao jogo, a narração está presente tanto no ponto de partida, quanto no final do trajeto. A modalidade "recorte e colagem" e o jogo a partir de provérbios, porém, constituem exceções. Nesses casos, embora a narração esteja na origem do ato teatral, ela não se faz necessariamente presente no momento mesmo do jogo com o texto, podendo ceder lugar à forma dramática.

Em todos os demais procedimentos, a instância narrativa, longe de ser ocultada, é evidenciada. Ela se manifesta quando há informações trazidas à cena que apelam para uma representação mental do espectador. A figura de um ou mais narradores na área de jogo faz com que o processo de enunciação da história ganhe relevo; a fábula se apresenta aos olhos e aos ouvidos da platéia segundo uma organização determinada, porque é veiculada mediante um discurso peculiar. O narrador estabelece uma mediação entre a ficção e o público; sua presença faz com que não haja espaço para qualquer impressão de "realidade". A experiência mostrou que a narrativa pode eventualmente adquirir uma certa qualidade dramática, proporcional ao grau em que a enunciação do narrador estiver imbricada à concretização cênica. No entanto, mesmo nesses casos, ao se dirigir ao público, o narrador inevitavelmente instala uma ruptura da ilusão.

Assim, a enunciação da ficção teatral não é escamoteada. A cena que resulta do ato de jogar exibe que é produção de ficção. Esse antiilusionismo é reiterado em nossa prática por modalidades lúdicas nas quais ocorre a não identificação entre o jogador e o personagem.

---

3. A. Cândido, "Direitos Humanos e Literatura" em A. C. R. Fester (org.), *Direitos Humanos e ...*, p. 117.

140 ENTRE O MEDITERRÂNEO E O ATLÂNTICO, UMA AVENTURA TEATRAL

Os procedimentos evocados têm também em comum o fato de envolverem uma abordagem não linear do texto narrativo. Os jogos são realizados a partir de passagens curtas que têm significado em si mesmas. Eles nunca remetem à linearidade da narrativa; o que ocorre antes ou depois de determinada passagem escapa à sua delimitação. Diferentes trechos de um mesmo texto podem ser destacados e jogados segundo uma ordem que difere da seqüência de origem. Nesses casos, a intervenção do coordenador que propõe uma seleção dentro do texto e uma nova organização das passagens tendo em vista o jogo, acaba acarretando um outro nível de enunciação que se superpõe ao já existente, no interior do próprio texto.

O desmascaramento da instância narrativa, o antiilusionismo, o fato de que ficção e performance sejam salientados em sua especificidade, assim como a ruptura da linearidade, caracterizam, portanto, a prática teatral aqui configurada. Assim sendo, evidenciam-se os aspectos épicos presentes nos jogos realizados. No ponto de partida das trajetórias temos textos épicos. No ponto de chegada, jogos teatrais marcados por traços também épicos.

O estatuto ficcional da cena e o do texto se tornam complementares quando exploramos a vertente do jogo teatral como fonte de criação literária. O aspecto sensível da atividade lúdica experimentada suscita a ruptura de esquemas consagrados de redação, próprios à escola. A diversificação dos temas abordados e, principalmente, o aprofundamento sensorial que se fazem observar, resultam em maior densidade da ficção escrita. Entrelaçam-se, em nossa aventura, elementos de inquietações diferentes, apesar de contíguas. A formulação de uma pedagogia do teatro, assim como de uma pedagogia da escrita encontram aqui um privilegiado terreno de interseção.

Enquanto discursos articulados, os textos narrativos oferecem ao leitor e ao jogador diferentes modalidades de apreensão estética, que projetam rumos enriquecedores para o fazer teatral. O confronto com o texto confere uma nova envergadura ao exercício da capacidade lúdica, uma vez que a voz do autor, ausente no aqui-agora, é trazida à tona. Ao incorporar o texto, o jogo teatral inevitavelmente se amplia, uma vez que diferentes visões de mundo de autores distantes no tempo e no espaço são problematizadas e os participantes passam, então, a se ver de posse de recursos originais para pensar a condição humana.

O impacto do texto na origem do jogo se vincula, sobretudo, às operações que ele vai suscitar. É a apropriação lúdica do texto que revela ao grupo seus próprios desejos, seus interesses e contribui para que ele formule o seu discurso teatral. Essa formulação tende necessariamente a ganhar em complexidade, na medida em que passa a envolver a ampliação das fronteiras, por vezes não especialmente largas, dos referenciais dos componentes do grupo.

Nossa observação evidencia que a seriedade foi a tônica do envolvimento dos estudantes marroquinos. Rapidamente eles se deram conta da relevância da proposta e passaram a valorizá-la enquanto manifestação palpável de uma relação pedagógica que alia a experimentação à reflexão e inclui a subjetividade. Uma certa surpresa consigo mesmos aparecia nas manifestações dos participantes. Sem que tivesse havido ruptura dos preceitos pelos quais sua existência costumava ser pautada, uma nova relação com o teatro e com a literatura ia se forjando.

Os campos do fazer teatral propriamente dito, da produção literária e da reflexão pedagógica confluem no caminho percorrido. Acreditamos que ele aponta perspectivas para que se possam oferecer respostas mais satisfatórias ao desafio da formação de profissionais nessas áreas, contribuindo para um equacionamento ao mesmo tempo mais amplo e mais preciso da sua função social.

Bibliografia

LITERATURA

BARTHES, Roland. "Introduction à l'analyse structurale des récits". *Communications*, n. 8, Seuil, 1981, pp. 7-33. L'analyse structurale du récit.

BENJAMIN, Walter. "O Narrador. Considerações sobre a Obra de Nikolai Leskov". In: *Magia e Técnica, Arte e Política: Ensaios sobre Literatura e História da Cultura. Obras Escolhidas.* São Paulo, Brasiliense, vol. 1, 1994.

BESSONNAT, Daniel. "Paroles de personnages: bâtir une progression". *Pratiques,* n. 83, sep. 1994, pp. 5-34.

_____. "Deux ou trois choses que je sais de la réécriture", *Pratiques* n. 105-106, juin. 2000, pp. 5-22.

BONIFACE, Claude. *Les ateliers d'écriture.* Paris, Retz, 1992.

BORGES, Jorge Luis. *Conférences.* Paris, Folio, 1994.

CANDIDO, Antonio. "Direitos Humanos e Literatura". In: FESTER, Antonio Carlos Ribeiro (org.). *Direitos Humanos e ...* São Paulo, Brasiliense, 1989.

DUMORTIER, J.-L. & PLAZANET, Fr., *Pour lire le récit.* Bruxelles, De Boeck, 1980.

ECO, Umberto. *Lector in fabula.* São Paulo, Perspectiva, 1986.

GENETTE, Gérard. "Frontières du récit". *Communications*, n. 8, Seuil, 1981, pp. 158-169. L'analyse structurale du récit.

HADDAD, Jamil A. "Interpretações das Mil e Uma Noites". *Revista de Estudos Árabes.* FFLCH/USP, ano 1, n. 2, 1993, pp. 53-63.

JOLLES, André. *Formas Simples.* São Paulo, Cultrix, 1974.

KILITO, Abdelfattah. *L'oeil et l'aiguille. Essai sur "Les mille et une nuits".* Casablanca, Le Fennec, 1992.

LA RÉÉCRITURE. *Pratiques,* n. 105-106, juin 2000.

LATHION, Jean. "La distance narrative". *Pratiques*, n. 78, juin 1993, pp. 79-109.

LINTVELT, Jaap. *Essai de typologie narrative.* Paris, José Corti, 1989.

144 ENTRE O MEDITERRÂNEO E O ATLÂNTICO, UMA AVENTURA TEATRAL

RICOEUR, Paul. *Temps et récit.* Paris, Seuil, 1984.

SCHAFFER, Jean-Marie. *Pourquoi la fiction?* Paris, Seuil, 1999.

TODOROV, Tzvetan. *As Estruturas Narrativas.* São Paulo, Perspectiva, 2003.

_____. "Les catégories du récit littéraire". *Communications*, n. 8, Seuil, 1981, pp. 131-157. L'analyse structurale du récit.

PRÁTICAS TEATRAIS

BAJARD, Elie. *Ler e Dizer.* São Paulo, Cortez, 1994.

BARRET, Gisèle & LANDIER, J. C. *Expression dramatique et théâtre.* Paris, Hatier, 1991.

BAUNE, Jean & GROSJEAN, Bernard. "Petites formes...grands enjeux". *Cahiers Pédagogiques*, n. 337, octobre 1995, pp. 47-49.

BEAUCHAMP, Hélène & CHAINE, F. (org.). *André Maréchal. Art Dramatique, Repères Pédagogiques.* Presses Collégiales du Québec, 1993.

CAILLON, Nicole. *L'entêtement amoureux.* Paris, Théâtre de l'Aquarium, 1994.

CAMBIEN, Michel. "A la recherche problématique d'un répertoire". *Pratiques*, n. 74, juin 1992, pp. 65-76.

CARMONTELLE, *Comédies et Proverbes, choisis par Louis Thomas.* Paris, Aux Armes de France, 1941.

COELHO, Ana F. F. C. *A Introdução do Texto Literário ou Dramático no Jogo Teatral com Crianças.* Dissertação de Mestrado apresentada na ECA-USP, São Paulo,1989.

CORVIN, Michel. *Dictionnaire Encyclopédique du Théâtre.* Paris, Bordas, 1991.

FAIVRE, B. "Le théâtre et le jongleur". In: JOMARON, J. (org.). *Le théâtre en France.* vol.1, Paris, Armand Collin, 1988.

GUINSBURG, J. "Na Cena do Teatro". *Revista USP* , n. 32, pp. 170-177.

KNAPP, Alain. *A. K. Une école de la création théâtrale.* Paris, Actes Sud, 1993.

KOUDELA, Ingrid. *Brecht: um Jogo de Aprendizagem.* São Paulo, Perspectiva, 1991.

_____. *Texto e Jogo.* São Paulo, Perspectiva, 1996.

_____. (org.). *Um Vôo Brechtiano.* São Paulo, Perspectiva, 1992.

_____. "Um Protocolo dos Protocolos". *Revista da Fundarte*, n. 1, Rio Grande do Sul, Fundação Municipal de Artes de Montenegro, janeiro a julho de 2001.

LARSSON, Björn. *Le Monde.* 7-8 juillet 2002, p. 15.

LEMAHIEU, Daniel. "Ateliers d'écriture dramatique". *Théâtre/Public*, mai-juin 1991, n. 99, pp. 22-58.

MONOD, Richard. *Les textes de théâtre.* Paris, Cedic, 1977.

PAGE, Christiane. *L'engagement dans le jeu en jeu dramatique: une base pour le jeu théâtral.* Thèse de doctorat, Institut d'Etudes Théâtrales, Paris III, 1995.

PAVIS, Patrice. *Le théâtre au croisement des cultures.* Paris, José Corti, 1990.

_____. *Dicionário de Teatro.* São Paulo, Perspectiva, 1999.

_____. *O Percevejo*, Unirio, Ano 8, n. 9, 2000, pp. 3-68. Teatro Contemporâneo e Narrativas.

PRADIER, Jean-Marie. "Etnoscénologie: la profondeur des émergences". In: *La scène et la terre. Questions d'Ethnoscénologie.* Paris, Maisons des Cultures du Monde, 1996.

BIBLIOGRAFIA

ROSENFELD, Anatol. *O Teatro Épico*. São Paulo, Perspectiva, 1985.

RYNGAERT, Jean Pierre. *Jouer, représenter*. Paris, Cedic, 1985.

_____. *Le jeu dramatique en milieu scolaire*. Paris, Cedic, 1977. Trad. port., *O Jogo Dramático no Meio Escolar*. Coimbra, Centelha, 1981.

_____. "Texte et espace: sur quelques aventures contemporaines". *Pratiques*, n. 41, mars. 1984, pp. 89-98.

SARRAZAC, Jean-Pierre. "L'irruption du roman au théâtre". *Théâtres en Bretagne*, n. 9, avril 1996, pp. II-VII.

SPOLIN, Viola. *Improvisação para o Teatro*. São Paulo, Perspectiva, 1978.

Théâtre et Education. Actes du Colloque International de Mohammedia, du 10 au 12 novembre 1988. Casablanca, Wallada, 1990.

UBERSFELD, Anne. *L'école du spectateur*. Paris, Ed. Sociales, 1981.

_____. *Les termes clés de l'analyse du théâtre*. Paris, Seuil, 1996.

_____. *Antoine Vitez*. Paris, Nathan, 1998.

VANOYE, François, MOUCHON, J. & SARRAZAC, J.-P. *Pratiques de l'Oral*. Paris, Armand Colin, 1991.

VERRIER, Jean. "Lire le texte de théâtre avec Michel Vinaver". *Le français aujourd'hui*. Paris, sept. 1993, pp. 72-76.

VITEZ, Antoine. *Ecrits sur le théâtre 2. La scène 1954-1975*. Paris, P.O.L., 1995.

VOLTZ, Pierre. "Théâtre et éducation: l'enjeu formateur". *Cahiers Théâtre/ Éducation*, n. 3, Actes Sud, Paris, 1991. Théâtre, Éducation, Société.

ZUMTHOR, Paul. *Performance, Recepção, Leitura*. São Paulo, Edc, 2000.

TEATRO E CULTURA NO MARROCOS

ABED AL-JABRI, Mohammed. *Introdução à Crítica da Razão Árabe*. São Paulo, Unesp, 1999.

ATTAR, Bouchta El. *Les proverbes marocains*. Casablanca, Najah, 1992.

AZIZA, Muhammed. *L'image et l'Islam*. Paris, Albin Michel, 1978.

_____. *Regards sur le théâtre arabe contemporain*. Tunis, Maison Tunisienne d'Edition, 1970.

BENCHEIKH, Jamel E. & MIQUEL, André. *D'Arabie et D'Islam*. Paris, Odile Jacob, 1992.

BENCHENEB, Rachid. "L'Islam". In: DUMUR, Guy (org.). *Histoire des spectacles*. Paris, Gallimard, 1965, pp. 490-507.

BENNANI-CHRAÏBI, Mounia. *Soumis et rebels, les jeunes ao Maroc*. Casablanca, Le Fennec, 1995.

BOUCHRA, Touil. "L'organisation du théâtre au Maroc et sa relation avec l'état", mémoire de DEA, Université de Nanterre, 1992.

BRIGNON, Jean (org.). *Histoire du Maroc*. Paris, Hatier, 1967.

CHEBEL, Malek. *Le corps dans la tradition au Maghreb*. Paris, PUF, 1984.

_____. *L'imaginaire arabo-musulman*. Paris, Puf, 1993.

ETIENNE, Bruno, "Les arcanes du sultanat". *Autrement*. Série Monde, n. 48.

GEERTZ, Clifford. *Observer l'Islam*. Paris, La Découverte, 1992.

GOODY, Jack. *La peur des représentations*. Paris, La Découverte, 2003.

IDALI-DEMEYÈRE, Isabelle. *Ahouach. Quatre saisons chez les berberes au Maroc*. Paris, L'Aube, 2003.

146   ENTRE O MEDITERRÂNEO E O ATLÂNTICO, UMA AVENTURA TEATRAL

ISLAM, le grand malentendu. *Autrement*, Série Monde, n. 48, sept.1990.

MAROC, les signes de l'invisible. *Autrement*, Série Mutations, n. 95, déc. 1987.

OUZRI, Abdelwahed. *Le théâtre au Maroc. Structures et tendances.* Casablanca: Toubkal, 1997.

SALMY, Abdelaziz. "Le Théâtre des frères Al-Badaoui". Mémoire de maîtrise, Institut d'Etudes théâtrales, Université de Paris III, 1986.

SAMMOUN, Monique. *L'expérience radicale dans le théâtre arabe.* Tese de doutorado, Institut d'Etudes théâtrales, Université de Paris III, 1990.

VERMEREN, Pierre. *Le Maroc en transition.* Paris, La Découverte, 2001.

VOISIN, A. "Expériences de théâtre populaire au Maroc". *Le lieu théâtral dans la societé moderne.* Paris, CNRS, 1969, pp. 49-54.

WANNUS, S. *Manifestes pour un théâtre arabe nouveau.* Beyrouth, Dar Al Farabi, 1988.

OBRAS DE FICÇÃO

CHOUKRI, Mohamed. *Le temps des erreurs.* Paris, Seuil, 1994.

BEN JELLOUN, Tahar. *L'enfant de sable.* Paris, Seuil, 1985.

_____. *La nuit sacrée.* Paris, Seuil, 1987.

LAREDJ, Ouassini. "Hmida, le brave 'msirdi'". In: *Le serpent à plumes.* Automne 1995.

_____. *Les milles et une nuits. Contes choisis I et II.* Paris, Gallimard, 1991.

SALHI, Tayeb. "Le palmier de Ouad Hamed". In: *Le serpent à plumes.* Automne, 1995.

TEATRO NA PERSPECTIVA

O Sentido e a Máscara
Gerd A. Bornheim (D008)
A Tragédia Grega
Albin Lesky (D032)
Maiakóvski e o Teatro de Vanguarda
Angelo M. Ripellino (D042)
O Teatro e sua Realidade
Bernard Dort (D127)
Semiologia do Teatro
J. Guinsburg, J. T. Coelho Netto e
Reni C. Cardoso (orgs.) (D138)
Teatro Moderno
Anatol Rosenfeld (D153)
O Teatro Ontem e Hoje
Célia Berrettini (D166)
Oficina: Do Teatro ao Te-Ato
Armando Sérgio da Silva (D175)
O Mito e o Herói no Moderno Teatro Brasileiro
Anatol Rosenfeld (D179)
Natureza e Sentido da Improvisação Teatral
Sandra Chacra (D183)
Jogos Teatrais
Ingrid D. Koudela (D189)

Stanislávski e o Teatro de Arte de Moscou
J. Guinsburg (D192)
O Teatro Épico
Anatol Rosenfeld (D193)
Exercício Findo
Décio de Almeida Prado (D199)
O Teatro Brasileiro Moderno
Décio de Almeida Prado (D211)
Qorpo-Santo: Surrealismo ou Absurdo?
Eudinyr Fraga (D212)
Performance como Linguagem
Renato Cohen (D219)
Grupo Macunaíma: Carnavalização e Mito
David George (D230)
Bunraku: Um Teatro de Bonecos
Sakae M. Giroux e Tae Suzuki (D241)
No Reino da Desigualdade
Maria Lúcia de Souza B. Pupo (D244)
A Arte do Ator
Richard Boleslavski (D246)
Um Vôo Brechtiano
Ingrid D. Koudela (D248)
Prismas do Teatro
Anatol Rosenfeld (D256)

Teatro de Anchieta a Alencar
Décio de Almeida Prado (D261)
A Cena em Sombras
Leda Maria Martins (D267)
Texto e Jogo
Ingrid D. Koudela (D271)
O Drama Romântico Brasileiro
Décio de Almeida Prado (D273)
Para Trás e Para Frente
David Ball (D278)
Brecht na Pós-Modernidade
Ingrid D. Koudela (D281)
O Teatro É Necessário?
Denis Guénoun (D298)
O Teatro do Corpo Manifesto: Teatro Físico
Lúcia Romano (D301)
O Melodrama
Jean-Marie Thomasseau (D303)
Teatro com Meninos e Meninas de Rua
Marcia Pompeo Nogueira (D312)
O Pós-Dramático: Um conceito Operativo?
J. Guinsburg e Sílvia Fernandes (orgs.) (D314)
João Caetano
Décio de Almeida Prado (E011)
Mestres do Teatro I
John Gassner (E036)
Mestres do Teatro II
John Gassner (E048)
Artaud e o Teatro
Alain Virmaux (E058)
Improvisação para o Teatro
Viola Spolin (E062)
Jogo, Teatro & Pensamento
Richard Courtney (E076)
Teatro: Leste & Oeste
Leonard C. Pronko (E080)
Uma Atriz: Cacilda Becker
Nanci Fernandes e Maria T. Vargas (orgs.) (E086)
TBC: Crônica de um Sonho
Alberto Guzik (E090)
Os Processos Criativos de Robert Wilson
Luiz Roberto Galizia (E091)
Nelson Rodrigues: Dramaturgia e Encenações
Sábato Magaldi (E098)

José de Alencar e o Teatro
João Roberto Faria (E100)
Sobre o Trabalho do Ator
M. Meiches e S. Fernandes (E103)
Arthur de Azevedo: A Palavra e o Riso
Antonio Martins (E107)
O Texto no Teatro
Sábato Magaldi (E111)
Teatro da Militância
Silvana Garcia (E113)
Brecht: Um Jogo de Aprendizagem
Ingrid D. Koudela (E117)
O Ator no Século XX
Odette Aslan (E119)
Zeami: Cena e Pensamento Nô
Sakae M. Giroux (E122)
Um Teatro da Mulher
Elza Cunha de Vincenzo (E127)
Concerto Barroco às Óperas do Judeu
Francisco Maciel Silveira (E131)
Os Teatros Bunraku e Kabuki: Uma Visada Barroca
Darci Kusano (E133)
O Teatro Realista no Brasil: 1855-1865
João Roberto Faria (E136)
Antunes Filho e a Dimensão Utópica
Sebastião Milaré (E140)
O Truque e a Alma
Angelo Maria Ripellino (E145)
A Procura da Lucidez em Artaud
Vera Lúcia Felício (E148)
Memória e Invenção: Gerald Thomas em Cena
Sílvia Fernandes (E149)
O Inspetor Geral *de Gógol/Meyerhold*
Arlete Cavaliere (E151)
O Teatro de Heiner Müller
Ruth C. de O. Röhl (E152)
Falando de Shakespeare
Barbara Heliodora (E155)
Moderna Dramaturgia Brasileira
Sábato Magaldi (E159)
Work in Progress na Cena Contemporânea
Renato Cohen (E162)
Stanislávski, Meierhold e Cia
J. Guinsburg (E170)
Apresentação do Teatro Brasileiro Moderno
Décio de Almeida Prado (E172)

Da Cena em Cena
J. Guinsburg (E175)

O Ator Compositor
Matteo Bonfitto (E177)

Ruggero Jacobbi
Berenice Raulino (E182)

Papel do Corpo no Corpo do Ator
Sônia Machado Azevedo (E184)

O Teatro em Progresso
Décio de Almeida Prado (E185)

Édipo em Tebas
Bernard Knox (E186)

Depois do Espetáculo
Sábato Magaldi (E192)

Em Busca da Brasilidade
Claudia Braga (E194)

A Análise dos Espetáculos
Patrice Pavis (E196)

As Máscaras Mutáveis do Buda Dourado
Mark Olsen (E207)

Crítica da Razão Teatral
Alessandra Vannucci (E211)

Caos e Dramaturgia
Rubens Rewald (E213)

Para Ler o Teatro
Anne Ubersfeld (E217)

Entre o Mediterrâneo e o Atlântico
Maria Lúcia de S. B. Pupo (E220)

Yukio Mishima: O Homem de Teatro e de Cinema
Darci Kusano (E225)

O Teatro da Natureza
Marta Metzler (E226)

Margem e Centro
Ana Lúcia V. de Andrade (E227)

Ibsen e o Novo Sujeito da Modernidade
Tereza Menezes (E229)

Teatro Sempre
Sábato Magaldi (E232)

O Ator como Xamã
Gilberto Icle (E233)

A Terra de Cinzas e Diamantes
Eugenio Barba (E235)

A Ostra e a Pérola
Adriana Dantas de Mariz (E237)

A Crítica de um Teatro Crítico
Rosangela Patriota (E240)

O Teatro no Cruzamento de Culturas
Patrice Pavis (E247)

Eisenstein Ultrateatral: Movimento Expressivo e Montagem de Atrações na Teoria do Espetáculo de Serguei Eisenstein
Vanessa Teixeira de Oliveira (E249)

Teatro em Foco
Sábato Magaldi (E252)

A Arte do Ator entre os Séculos XVI e XVIII
Ana Portich (E254)

O Teatro no Século XVIII
Renata S. Junqueira e Maria Gloria C. Mazzi (orgs.) (E256)

A Gargalhada de Ulisses
Cleise Furtado Mendes (E258)

Dramaturgia da Memória no Teatro-Dança
Lícia Maria Morais Sánchez (E259)

A Cena em Ensaios
Béatrice Picon-Vallin (E260)

Teatro da Morte
Tadeusz Kantor (E262)

Escritura Política no Texto Teatral
Hans-Thies Lehmann (E263)

Na Cena do Dr. Dapertutto
Maria Thais (E267)

A Cinética do Invisível
Matteo Bonfitto (E268)

Luigi Pirandello: Um Teatro para Marta Abba
Martha Ribeiro (E275)

Teatralidades Contemporâneas
Sílvia Fernandes (E277)

Conversas sobre a Formação do Ator
Jacques Lassalle e Jean-Loup Rivière (E278)

Do Grotesco e do Sublime
Victor Hugo (EL05)

O Cenário no Avesso
Sábato Magaldi (EL10)

A Linguagem de Beckett
Célia Berrettini (EL23)

Idéia do Teatro
José Ortega y Gasset (EL25)

O Romance Experimental e o Naturalismo no Teatro
Emile Zola (EL35)

Duas Farsas: O Embrião do Teatro de Molière
Célia Berrettini (EL36)

Marta, A Árvore e o Relógio
Jorge Andrade (T001)
O Dibuk
Sch. An-Ski (T005)
*Leone de'Sommi: Um Judeu no Teatro
da Renascença Italiana*
J. Guinsburg (org.) (T008)
Urgência e Ruptura
Consuelo de Castro (T010)
Pirandello do Teatro no Teatro
J. Guinsburg (org.) (T011)
Canetti: O Teatro Terrível
Elias Canetti (T014)
Idéias Teatrais: O Século XIX no Brasil
João Roberto Faria (T015)
Heiner Müller: O Espanto no Teatro
Ingrid D. Koudela (Org.) (T016)
Büchner: Na Pena e na Cena
J. Guinsburg e Ingrid Dormien
Koudela (Orgs.) (T017)
Teatro Completo
Renata Pallottini (T018)
Barbara Heliodora: Escritos sobre Teatro
Claudia Braga (org.) (T020)
Machado de Assis: Do Teatro
João Roberto Faria (org.) (T023)
Três Tragédias Gregas
G. de Almeida e T. Vieira (S022)
Édipo Rei de Sófocles
Trajano Vieira (S031)
As Bacantes de Eurípides
Trajano Vieira (S036)
Édipo em Colono de Sófocles
Trajano Vieira (S041)
Agamêmnon de Ésquilo
Trajano Vieira (S046)
Antígone de Sófocles
Trajano Vieira (S049)

Teatro e Sociedade: Shakespeare
Guy Boquet (K015)
Eleonora Duse: Vida e Obra
Giovanni Pontiero (PERS)
Linguagem e Vida
Antonin Artaud (PERS)
Ninguém se Livra de seus Fantasmas
Nydia Licia (PERS)
O Cotidiano de uma Lenda
Cristiane Layher Takeda (PERS)
História Mundial do Teatro
Margot Berthold (LSC)
O Jogo Teatral no Livro do Diretor
Viola Spolin (LSC)
Dicionário de Teatro
Patrice Pavis (LSC)
*Dicionário do Teatro Brasileiro: Temas,
Formas e Conceitos*
J. Guinsburg, João Roberto Faria e
Mariangela Alves de Lima (LSC)
Jogos Teatrais: O Fichário de Viola Spolin
Viola Spolin (LSC)
Br-3
Teatro da Vertigem (LSC)
Zé
Fernando Marques (LSC)
Últimos: Comédia Musical em Dois Atos
Fernando Marques (LSC)
Jogos Teatrais na Sala de Aula
Viola Spolin (LSC)
*Uma Empresa e seus Segredos:
Companhia Maria Della Costa*
Tania Brandão (LSC)
O Teatro Laboratório de Jerzy Grotowski
Ludwik Flaszen e Carla Pollastrelli
(cur.) (LSC)
Queimar a Casa: Origens de um Diretor
Eugenio Barba (LSC)

Impresso nas oficinas
da Cherma Indústria da Arte Gráfica
em setembro de 2010